서바이벌 중국어

Survival Chinese

케이씨대학교 중국어전공

송경애 교수

어문학사

머리말

　1992년 한·중 수교 이후 양국의 교류는 정치, 경제, 문화의 다방면으로 확대되었다. 최근 몇 년 동안은 한류의 영향으로 한국을 찾는 중국 관광객 수가 크게 늘어나 언론에서도 요우커(游客)라는 말이 자연스럽게 사용되고 있다. 중국은 이제 우리와 너무 가까운 나라가 되었고, 한중 FTA 체결로 인해 향후 한·중 교류는 더욱 가속화 될 것으로 보인다. 중국 경제의 빠른 성장으로 중국어를 공부하고자 하는 학습자들도 늘어나고 있다. 중국어를 배우는 인구가 가장 많은 나라도 우리나라이다. 이제 중국어는 우리에게 21세기 영어 이상으로 필수적인 외국어가 되었다. 많은 사람들이 여행이나 중국어를 배우기 위해 중국을 찾고 있으며, 우리가 일상 속에서 접하는 먹거리나 생활용품 중에도 중국에서 생산된 것들이 많은 부분을 차지하고 있다. 이처럼 중국과 중국어는 우리에게 너무도 익숙하고 친숙한 존재가 되었다. 이제 중국어를 배우기로 결심하고 공부를 시작했다면 여러분은 중국을 향해 첫발을 내디딘 것이다.

　이 책은 중국어 학습자들이 기초부터 배워서 스스로 활용할 수 있도록 발음, 기초문법, 주요 기본 표현 및 응용 문구에 이르기까지 다양한 내용으로 구성되어 있다. 게다가 우리가 일상에서 경험할 수 있는 여러 상황에서 적절히 활용할 수 있는 다양한 표현들을 부록에 수록하였다. 이를 통해 중국어 표현력을 길러 중국인과 자연스럽게 소통할 수 있도록 구성하였다.

　이 책이 중국어를 처음 접하는 중국어 학습자들이 중국인과 소통할 수 있고 중국어를 정복하는 데 도움이 될 수 있기를 기대한다.

2016. 1
저자 씀

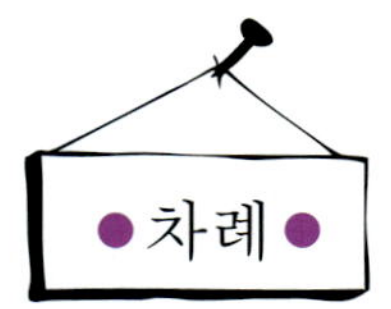

●차례●

Part 1

중국어 발음과 성조

중국어의 발음은 성모(声母), 운모(韵母), 성조(声调)로 구성되어 있다. 중국어 음절의 첫머리에 오는 자음이 성모이며, 성모를 제외한 나머지 부분이 운모이고, 음절의 높낮이를 표시하는 것이 성조이다.

1. 성모

현대 표준 중국어인 보통화의 성모는 21개로 모두 자음으로 구성된다. 이 21개의 성모는 순음을 제외하고는 모두 혀의 위치에 따라 구분된다. 소리를 내기 위해서 편의상 뒤에 적당한 자음을 붙여서 발음 연습을 한다.

★ 순음+(o) : 윗입술과 아랫입술을 동그랗게 벌리면서 소리를 낸다.

　　　b(뽀어)　　p(포어)　　m(모어)　　f(포어)

★ 설첨음+(e) : 혀끝과 윗잇몸을 작용하여 나는 소리로 입을 약간 벌리면서 소리를 낸다.

　　　d(뜨어)　　t(트어)　　n(느어)　　l(르어)

★ 설근음+(e) : 혀뿌리에서 나는 소리로 입 안 깊숙이 목젖이 위치한 곳에서부터 소리를 낸다.

　　　g(끄어)　　k(크어)　　h(흐어)

★ 설면음+(i) : 혀 바닥 소리로 헛바닥과 입천장을 작용하여 발음
하며, 입술을 최대한 좌우로 벌리고 헛바닥은 곧게
펴서 소리를 낸다.
j(지)   q(치)   x(시)

★ 설치음+(i) : 혀와 이빨이 닿는 소리이며, 마치 혀를 차는 것처럼
소리를 낸다.
z(쯔)   c(츠)   s(쓰)

★ 권설음+(i) : 말아 올린 혀 소리로, 혀의 양쪽 측면을 위로 가볍게
말아서 들어 올린다는 기분으로 소리를 낸다.
zh(쯔)   ch(츠)   sh(스)   r(르)

2. 운모

　현대 표준 중국어인 보통화의 운모는 38개이며, 단운모, 복운모, 비운모로 나누어진다. 단운모는 글자가 하나만 있는 운모이다. 복운모는 두 개 또는 세 개의 모음으로 이루어진 운모이다. 비운모는 하나 또는 두 개의 모음 뒤에 자음 n이나 ng가 결합한 형태의 운모이다.

★ 단운모

　a(아)　　o(오)　　e(어)　　i(이)　　u(우)

★ 복운모

　ai(아이) / ei(에이) / ao(아오) / ou(오우)

　ia(야) / ie(에) / ua(와) / uo(우워) / üe(웨)

　iao(야오) / iou(요우) / uai(와이) / uei(웨이)

★ 비운모

　an(안) / en(언) / in(인) / ian(얀) / uan(완) / uen(원) /

　üan(웬) / ün(윈)

　ang(앙) / eng(엉) / ong(옹) / iang(양) / ing(잉) / iong(용) /

　uang(왕) / ueng(웡)

3. 성조

　중국어의 성조는 음의 높낮이를 가리키는 것으로 의미를 변별하는 역할을 한다. 예를 들어 중국어에는 ma로 발음되는 한자들이 妈(mā)/麻(má)/马(mǎ)/骂(mà) 등이 있다. 중국 사람들은 妈(mā)-麻(má)-马(mǎ)-骂(mà) 사성의 성조를 통해서 단어의 뜻을 구별한다. 중국어 성조는 제1성/제2성/제3성/제4성 등 네 가지로 구분되는데 보통 사성(四声)이라고도 부른다. 각 성조의 높낮이와 표기 방법은 다음과 같다.

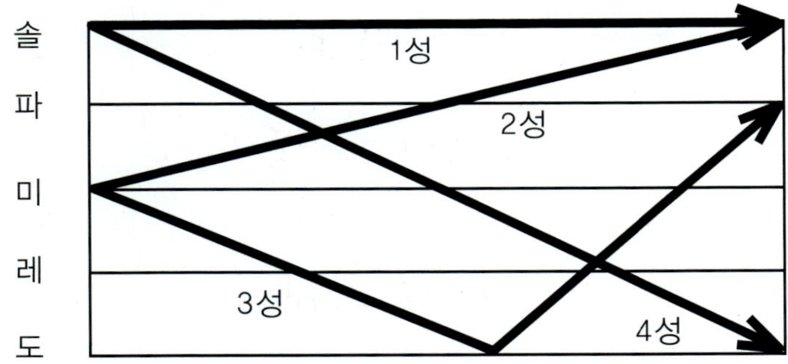

　★ 경성(轻声): 중국어에는 4성 외에 마지막 음절에서 짧고 가볍게 읽어주는 성조가 있는데 이것을 경성이라고 한다. 경성은 4성과 달리 고정된 음의 높낮이가 없어서 4성에는 포함되진 않지만 실제 회화에서는 많이 사용되고 있으므로 발음시에 유의해야 한다. 경성의 부호는 '•'이지만 실제 발음 표기에서는 일반적으로 생략한다.

★ 妈妈(엄마) māmā → māma

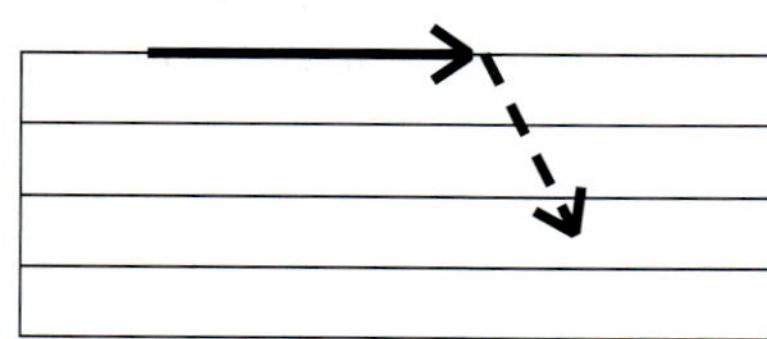

★ 朋友(친구) péngyǒu → péngyou

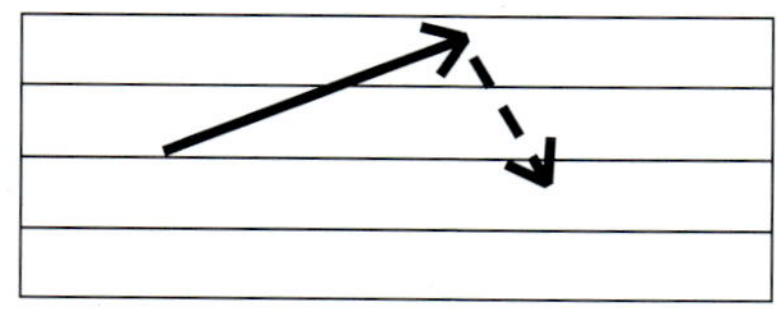

★ 奶奶(할머니) nǎinǎi→nǎinai

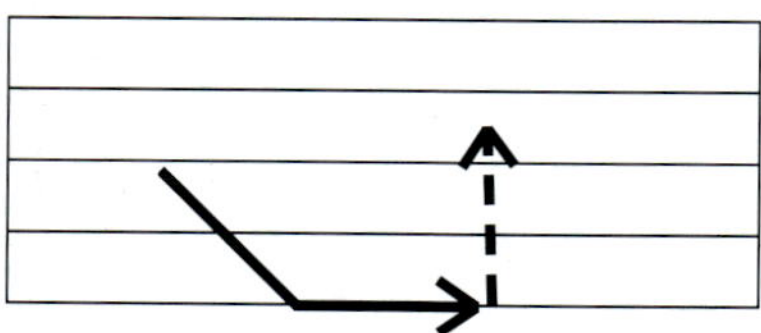

★ 妹妹(여동생) mèimèi → mèimei

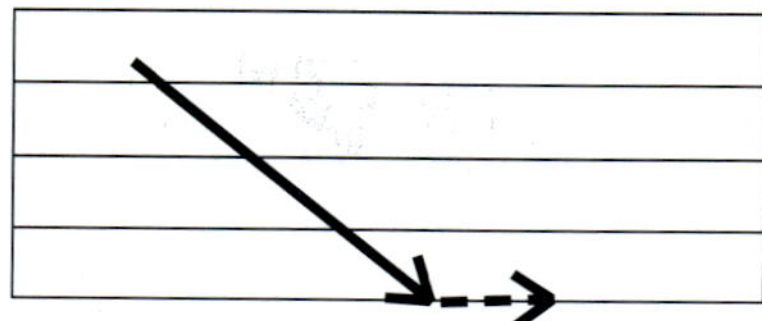

4. 한어병음

중국어의 한자음을 로마자로 표기하는 발음부호이다. 21개의 성모와 36개의 운모로 이루어져 있어 한어병음자모라고 한다. 일반적으로 한어병음은 성모+운모의 형태로 결합하지만 몇 가지에 대해서는 유의할 필요가 있다.

★ i로 시작하는 음절로서 앞에 성모가 오지 않을 경우에는 i앞에 y를 붙여 'yi'로 표기한다.

意思(yì+si) i + y → yì　　　医院(yīyuàn) i + y → yì

★ u가 단독 음절일 경우에는 w를 앞에 붙여 'wu'로 표기한다.

屋子(wūzi) ū + w → wū　　　物价(wùjià) ù + w → wù

★ ü로 시작하는 음절로서 성모가 없는 경우에는 'yu'로 표기한다.

渔夫(yúfū) ü → yú　　　冤枉(yuānwang) ü + ān → yuān

★ iou앞에 성모가 없을 경우에는 i 대신에 'y'를 써준다. 만약 성모가 오면 iou 중 'o'를 뺀다.

保佑(bǎoyòu) iou → yòu   九(jiǔ) j + iou → jiǔ

★ uei와 uen앞에 성모가 없을 경우에는 u대신 'w'를 써준다. 또한 성모 결합 시에는 'e'를 생략한다.

尾(wěi) u + ei → wěi   文(wén) u + en → wén

睡(shuì) sh + uei → shuì   捆(kǔn) k + uen → kǔn

5. 성조의 표기

★ 성조는 반드시 모음 a, o, e, i, u, ü 위에다 표기한다. 그러나 두 개 이상의 모음이 사용되었을 경우에는 a 〉o = e 〉i 〉u = ü 순서로 표기한다.

马 m+a → mǎ　脖 b+o → bó　德 d+e → dé　猪 zh+u → zhū

毛 m+ao → máo　得 d+ei → děi　爹 d+ie → diē　后 h+ou → hòu

教 j+iao → jiāo　快 k+uai → kuài　脸 l+ian → liǎn

★ i 와 u는 하나만 있을 경우는 우선 순위대로 하면 되는데 함께 사용될 경우에는 무조건 뒤의 것에 표기하면 된다.

六 l+iu → liù　最 z+ui → zuì　贵 g+ui → guì　秋 q+iu → qiū

★ 경성일 경우에는 성조 표기를 하지 않는다.

我们 wǒ+men　竹子 zhú+zi　馒头 mán+tou　这个 zhè+ge

Part 2

살아 남기 위한 기초 문법

① 형태소 : 소리와 의미가 결합된 가장 작은 말의 단위

好(hǎo+좋다)　地(dì+땅)　打(dǎ+때리다)　玻璃(bōli+유리)

② 단어 : 특정한 의미와 고유의 소리를 가지고 독립적으로 사용할
수 있는 가장 작은 문법 단위

漂亮 piàoliang (아름답다)　明星 míngxīng (스타)
太阳 tàiyáng (태양)　病人 bìngrén (환자)

③ 구 : 두 개 이상의 단어와 단어를 일정한 규칙에 맞게 결합시킨
문법 단위

中国(중국) + 人(사람) → 中国人 Zhōngguórén (중국사람)
首都(수도) + 北京(베이징) → 首都北京 shǒudū Běijīng (수도
베이징)
大门(대문) + 外(밖) → 大门外 dàménwài (대문 밖)
一(하나) + 朵(송이) + 花(꽃) → 一朵花 yìduǒhuā (꽃 한 송이)
那(그)+个(양사) + 人(사람) → 那个人 nàgerén (그 사람)

④ 문장 : 생각이나 감정을 말과 글로 표현할 때 완전한 의미를 나타내는 문법 단위

外面下雨。
Wàimiàn xiàyǔ.
밖에는 비가 내린다.

你喜欢他吗？
Nǐ xǐhuan tā ma?
너는 그를 좋아하니?

我们要去中国旅行。
Wǒmen yào qù Zhōngguó lǚxíng.
우리는 중국으로 여행을 가려고 한다.

如果明天有时间，我会跟你联系。
Rúguǒ míngtiān yǒu shíjiān, wǒ huì gēn nǐ liánxì.
만약 내일 시간이 나면 내가 너에게 연락할게.

① 주어 : 문장의 행위자나 동작의 주체로서 문장의 앞쪽에 위치하
며, 주로 명사 또는 명사구로 이루어진다.

天气很好。
Tiānqì hěn hǎo
날씨가 매우 좋습니다.

我的妹妹回家了。
Wǒ de mèimei huí jiāle
내 여동생은 집으로 돌아갔습니다.

② 술어 : 주어에 대하여 서술을 하는 성분으로 동사(구)나 형용사
(구)로 이루어진다.

我送你回家。
Wǒ sòng nǐ huí jiā
내가 집까지 데려다 줄게요.

我姐姐已经成家了。
Wǒ jiějie yǐjīng chéngjiāle
나의 누나는 이미 결혼 했습니다.

这个苹果甜。
Zhège píngguǒ tián
이 사과는 달아요.

这里的西瓜非常甜。
Zhèlǐ de xīguā fēicháng tián
이곳의 수박은 매우 달아요.

③ 목적어 : 동사가 나타내는 행위의 대상이 되는 존재를 가리키는

　　　　문장성분으로 주로 명사(구)로 이루어진다.

他们喜欢中国。
Tāmen xǐhuān Zhōngguó
그들은 중국을 좋아합니다.

他们买了一台电脑。
Tāmen mǎile yì tái diànnǎo
그들은 컴퓨터 한 대를 샀습니다.

④ 관형어 : 주어나 목적어로 쓰인 명사성 중심어를 꾸며주는 성분

　　　　이다. 그러나 동사가 관형어가 될 경우에는 반드시 구

　　　　조조사 '的(de)'를 붙여 중심어와 연결시킨다.

我们(的)学校有很多外国留学生。
Wǒmen (de) xuéxiào yǒu hěnduō wàiguó liúxuéshēng
우리 학교에는 매우 많은 외국 유학생이 있습니다.

他们想去商店买漂亮(的)衣服。
Tāmen xiǎng qù shāngdiàn mǎi piàoliang (de) yīfu
그들은 상점에 가서 예쁜 옷을 사고 싶어합니다.

今天买的书都是很贵的。
Jīntiān mǎi de shū dōu shì hěn guì de
오늘 산 책은 모두 매우 비싸요.

⑤ 부사어 : 동사나 형용사가 술어로 쓰일 때 술어성 중심어를 꾸며주는 문장 성분이다. 부사어 뒤에 구조조사 '地(de)'가 오기도 한다.

他们常常去图书馆。
Tāmen chángcháng qù túshūguǎn
그들은 자주 도서관에 갑니다.

我们努力地学习了一年的汉语。
Wǒmen nǔlì de xuéxíle yì nián de hànyǔ
우리들은 중국어를 일년 동안 열심히 공부했습니다.

⑥ 보어 : 술어 뒤에 오며 술어를 보충 설명하는 문장 성분으로 동사와 형용사가 사용된다. 주로 동작이나 행위의 결과, 가능, 방향, 수량 및 성질이나 상태의 정도를 나타낸다. 정도를 표시할 경우에는 구조조사 '得(de)'를 사용한다. 정도보어의 종류는 다음과 같다.

★ 결과보어 : 주어 + 동사 + 결과보어(完/懂/好) + 목적어

我们看完昨天的新闻了。
Wǒmen kàn wán zuótiān de xīnwénle
우리들은 어제 뉴스를 다 보았습니다.

我们听懂了老师讲的话。
Wǒmen tīng dǒngle lǎoshī jiǎng dehuà
우리들은 선생님이 하신 말씀을 듣고 이해했습니다.

我们已经做好准备了。
Wǒmen yǐjīng zuò hǎo zhǔnbèile

우리들은 이미 준비를 잘하였습니다.

★ 부정문 : 还没有~呢 Hái méiyǒu ~ne (아직~결과를 보지 못했다.)

我们还没有看完昨天的新闻呢。
Wǒmen hái méiyǒu kàn wán zuótiān de xīnwén ne
우리들은 어제 뉴스를 아직 다 보지 못했습니다.

★ 가능보어 : '할 수 있다' , '할 수 없다' 를 나타냄.

주어 + 동사 + 得(de) + 결과보어/방향보어 + 목적어

我听得懂他说的话。
Wǒ tīng dedǒng tā shuō dehuà
나는 그가 하는 말을 이해할 수 있어요. (결과보어)

他买得起手机。
Tā mǎi de qǐ shǒujī
그는 핸드폰을 살 수 있어요. (방향보어)

★ 부정문 : 주어 + 동사 + 不(bù) + 결과보어/방향보어 + 목적어

我听不懂他说的话。
Wǒ tīng bu dǒng tā shuō dehuà
나는 그가 하는 말을 이해할 수 없어요.

他买不起手机。
Tā mǎi bu qǐ shǒujī
그는 핸드폰을 살 수 없어요.

★ 방향보어 : 방향보어는 동작에 방향성을 부여해 주는 기능으로 동사인 来lái와 去qù가 사용된다.

주어 + 동사 + 来lái/去qù

你们都快上来吧。
Nǐmen dōu kuài shànglái ba.
너희들 모두 빨리 올라와.

好的, 我们马上进去。
Hǎo de, wǒmen mǎshàng jìnqù
좋아요, 우리들은 바로 들어가겠습니다.

★ 来(lái)와 去(qù)가 上(shàng), 下(xià), 进(jìn), 出(chū), 回(huí), 过(guò), 起(qǐ) 등과 함께 사용되면 그 뜻이 세분화된다. 예를 들면 다음과 같다.

走上来 zǒu shànglái (걸어 올라오다)

走下来 zǒu xiàlái (걸어 내려오다)

走出来 zǒu chūlái (걸어 나오다)

走出去 zǒu chūqù (걸어 나가다)

站起来 zhàn qǐlái (일어서다)

★ 방향보어의 배열 순서

－ 목적어가 장소를 나타내는 말인 경우 목적어는 반드시 来lái, 去qù 앞에 온다.

他们都走进公司来了。
Tāmen dōu zǒu jìn gōngsī láile
그들은 모두 회사로 들어왔습니다.

− 목적어가 장소를 나타내는 말이 아닌 경우에는 来, 去 앞뒤
에 모두 올 수 있다.

他叫我拿来我的护照。
Tā jiào wǒ ná lái wǒ de hùzhào
그는 나에게 여권을 가지고 오라고 하였습니다.

他叫我拿我的护照来。
Tā jiào wǒ ná wǒ de hùzhào lái
그는 나에게 여권을 가지고 오라고 하였습니다.

★ 방향보어의 부정은 没有méiyǒu

我没回去。
Wǒ méi huíqù
나는 돌아가지 않았습니다.

他没带护照来。
Tā méi dài hùzhào lái
그는 여권을 가지고 오지 않았습니다.

他没带来护照。
Tā méi dài lái hùzhào
그는 여권을 가지고 오지 않았습니다.

★ 정도보어 : 술어 뒤에 붙어서 술어의 정도를 보충해 주는 성분

주어 + 술어 + 得(de) + 보어

他说得快。
Tā shuō dekuài
그는 빠르게 말을 합니다.

我起得早。
Wǒ qǐ dezǎo
나는 일찍 일어납니다.

他唱得很好。
Tā chàng dehěn hǎo
그는 노래를 매우 잘 합니다.

★ 목적어가 있을 경우에는 동사를 반복하여 동사 + 목적어 + 동사

+ 得(de) + 보어의 형식을 취한다.

他说英语说得非常好。
Tā shuō yīngyǔ shuō de fēicháng hǎo
그는 영어를 매우 잘 말합니다.

他唱歌唱得很好。
Tā chànggē chàng de hěn hǎo
그는 노래를 매우 잘 합니다.

★ 부정문의 경우 두 가지 형식을 취한다.

① 주어 + 동사 + 得(de) + 不(bù) + 보어

他唱得不好。
Tā chàng de bù hǎo
그는 노래를 잘하지 못합니다.

② 주어 + 동사 + 목적어 + 동사 + 得(de) +不(bù) + 보어

他写字写得不好。
Tā xiězì xiě de bù hǎo
그는 글자를 잘 쓰지 못합니다.

他吃饭吃得不多。
Tā chīfàn chī de bù duō
그는 밥을 많이 먹지 않습니다.

★ 동량보어 : 동작이나 행위와 관련된 횟수를 보충

주어 + 동사 + 보어

我看过两次。
Wǒ kànguò liǎngcì
나는 두 번 본적이 있습니다.

他去过三次。
Tā qùguò sāncì
그는 세 번 가본 적이 있습니다.

※ 목적어가 있을 경우: 목적어가 일반명사일 경우 동량보어는 목
적어 앞, 목적어가 인칭대명사일 경우 동량보어는 목적어 뒤, 목
적어가 사람이나 장소를 나타내는 명사인 경우 동량보어는 목적
어 앞뒤에 자유롭게 위치함.

我在北京吃过三次火锅。
Wǒ zài Běijīng chīguò sāncì huǒguō
나는 북경에서 훠궈(샤브샤브)를 세 번 먹어보았습니다.

我见过她一次。
Wǒ jiànguò tā yícì
나는 그녀를 한 번 만난 적이 있습니다.

我去学校找你两次了。
Wǒ qù xuéxiào zhǎo nǐ liǎngcì le
나는 학교에 가서 너를 두 번 찾았어.

我去了三次北京　＝　我去了北京三次。
Wǒ qùle sāncì Běijīng　＝　wǒ qùle Běijīng sāncì
나는 북경에 세 번 갔었습니다.

我在上海的时候, 见过金老师一次。
Wǒ zài Shànghǎi de shíhòu, jiànguò Jīn lǎoshī yícì

= 我在上海的时候, 见过一次金老师。
wǒ zài shànghǎi de shíhòu, jiànguò yícì jīn lǎoshī
내가 상하이에 있었을 때, 김선생님을 한 번 만난적이 있습니다.

★ 시량보어 : 동작이나 행위와 관련된 시간량을 나타내며, 주로 동
　　　　작이나 행위의 지속된 시간을 표시

我休息了三天。
Wǒ xiūxíle sān tiān
나는 삼일 동안 쉬었어요

弟弟一天睡五个小时。
Dìdi yìtiān shuì wǔgè xiǎoshí
남동생은 하루에 다섯 시간을 잡니다.

※ 목적어가 일반명사인 경우 동사를 중복시키거나, 동사와 목적어 사이에 위치

我看电视看了一个晚上。
Wǒ kàn diànshì kànle yíge wǎnshàng
나는 밤새도록 티비를 보았습니다.

我看了四个小时(的)电影。
Wǒ kànle sì gè xiǎoshí (de) diànyǐng
나는 네 시간 동안 영화를 보았습니다.

※ 목적어가 인칭대명사이거나 장소인 경우 보어는 반드시 목적어 뒤에 위치

我见他两个小时。
Wǒ jiàn tā liǎngge xiǎoshí
나는 그를 두 시간 동안 만났어요.

我来北京一年多了。
Wǒ lái Běijīng yì nián duōle
나는 북경에 온 지 일 년이 조금 넘었습니다.

3. 중국어의 문법적 특징

① 중국어는 문장에서 사용될 때 형태의 변화가 없다.

老张很认真。
Lǎo zhāng hěn rènzhēn

랴오쟝은 매우 성실하다. (→ 认真 rènzhēn이 술어로 사용)

认真比什么都重要。
Rènzhēn bǐ shénme dōu zhòngyào

성실은 무엇보다도 중요하다. (→ 认真 rènzhēn이 주어로 사용)

金老师是认真的人。
Jīn lǎoshī shì rènzhēn de rén

김선생님은 성실한 사항이다. (→ 认真 rènzhēn이 관형어로 사용)

我得认真去做。
Wǒ děi rènzhēn qù zuò

우리는 성실히 임해야 된다. (→ 认真 rènzhēn이 부사어로 사용)

② 단어의 문장 어순에 따라 문법 기능이 달라진다.

漂亮的女人喜欢花儿。

漂亮的 piàoliang de(관형어) 女人 nǚrén(주어) 喜欢 xǐhuān (동사)
花儿 huār(목적어)。

아름다운 여인은 꽃을 좋아한다.

我喜欢红色的衣服。

我 wǒ(주어) 喜欢 xǐhuān(동사) 红色的 hóngsè de(관형어)

衣服yīfu (목적어)。

나는 붉은색 옷을 좋아한다.

★ 중국어의 기본 어순은 주어 + 동사 + 목적어이다.

我wǒ (주어) 爱ài (동사) 她tā (목적어)

나는 그녀를 사랑한다.

★ 관형어는 주어나 목적어 앞에 위치한다.

漂亮的piàoliang de (관형어) 女人nǚrén (주어) 喜欢xǐhuān (동사)

花儿huār (목적어)。

아름다운 여인은 꽃을 좋아한다.

我wǒ (주어) 喜欢xǐhuān (동사) 红色的hóngsè de (관형어)

衣服yīfu (목적어)。

나는 붉은색 옷을 좋아한다.

③ 중국어의 단어, 구, 문장은 일정한 형식으로 구성된다.

★ 연합식 : 대등한 두 성분을 나열시키는 형식

姐(언니) + 妹(여동생) → 姐妹jiěmèi (자매)

兄弟(형제) + 姐妹(자매) → 兄弟姐妹xiōngdìjiěmèi (형제자매)

★ 수식식 : 한쪽이 다른 한쪽을 꾸며주는 형식

商(상) + 业(업) → 商业shāngyè(상업)

商业(상업) + 大学(대학) → 商业大学shāngyè dàxué (상업대학)

努力(열심히) + 学习(공부하다)

→ 努力学习nǔlì xuéxí(열심히 공부하다)

认真(진지하게) + 考虑(고려하다)

→ 认真考虑rènzhēn kǎolǜ(진지하게 고려하다)

★ 술목식 : 술어와 목적어의 관계로 결합한 형식

担(메다, 지다) + 心(마음) → 担心dānxīn(걱정하다)

担心 + 失业 → 担心失业dānxīn shīyè(실업을 걱정하다)

★ 술보식 : 술어와 보어의 관계로 결합한 형식

提(끌어올리다) + 高(높다) → 提高tígāo(향상시키다)

提高 + 得 + 快

→ 提高得快tígāo de kuài(매우 빠르게 향상시키다)

★ 주술식 : 주어와 술어의 관계로 결합한 형식

地(땅) + 震(진동하다) → 地震dìzhèn(지진)

地震+多了 → 地震多了dìzhèn duōle(지진이 많이 발생하다)

4. 기초 중국어 문법

① 인칭대명사 : 중국어의 인칭대명사에는 我wǒ (1인칭), 你 nǐ(2
인칭), 他tā/她tā/它tā(3인칭)가 쓰이며, 뒤에 접미사 们(men)
을 붙여 복수를 표현한다.

인칭   단수 / 복수
1인칭   我wǒ / 我们wǒmen
2인칭   你nǐ · 您nín / 你们nǐmen
3인칭   他tā(남자) · 她tā(여자) · 它tā(사물)
              他们tāmen · 她们tāmen · 它们tāmen

② 지시대명사 : 3인칭의 사람, 사물을 거리에 따라 지시하여 부르
는 말로서 시간적, 심리적, 공간적으로 가까운 것을 这(zhè), 먼
것을 那(nà)로 표현한다.

─ 단수 / 복수
가까운 것 : 이것 这(zhè) · 这个(zhège)이거 · 이것들 这些(zhèxiē)
먼 것 : 그것, 저것 那(nà) · 那个(nàge) 저거 · 저것들 那些(nàxiē)
의문 : 어느 것 哪(nǎ) · 哪个(nǎge) 어느 · 어느것들 哪些(nǎxiē)

这是铅笔。
Zhè shì qiānbǐ
(이것은 연필이다.)

这个是我的。
Zhège shì wǒ de
(이것은 내 것이다.)

那是书。
Nà shì shū
(저것은 책이다.)

那个是他的。
Nàge shì tā de
(저것은 그의 것이다.)

这些都是苹果。
Zhèxiē dōu shì píngguǒ
(이것들은 모두 사과이다.)

那些都是西瓜。
Nàxiē dōu shì xīguā
(저것들은 모두 수박이다.)

哪个是你的?
Nǎge shì nǐ de
(어느 것이 너의 것이니?)

哪些是你买的?
Nǎxiē shì nǐ mǎi de
(어느 것들이 너 가 산 것이니?)

※ 보충 : 장소를 나타낼 때에는 这儿zhèr = 这里zhèli(여기), 那儿nàr = 那里nàli(저기, 거기)로 표현

这儿是什么地方。
Zhèr shì shénme dìfang
(여기는 어디입니까?)

这里是什么地方。
Zhèlǐ shì shénme dìfang
(여기는 어디입니까?)

那儿是什么地方。
Nàr shì shénme dìfang
(저기는 어디입니까?)

那里是什么地方。
Nàlǐ shì shénme dìfang
(저기는 어디입니까?)

③ 양사 : 중국어에는 사람이나 사물 또는 동작의 수를 표시하는 품사가 있는데, 이것을 양사라고 하며, 명량사와 동량사로 구분된다.

★ 명량사 : 사람이나 사물의 수량을 세는 단위이며, 명사에 따라 결합하는 양사가 다르다. 일반적으로 수사 + 양사 + 명사의 구조로 이루어 진다.

一(수사) + 本(양사) + 书(명사)

→ 一本书 yì běn shū 책 한 권

三(수사) + 件(양사) + 衣服(명사)

→ 三件衣服 sān jiàn yīfu 옷 세 벌

五(수사) + 位(양사) + 客人(명사)

→ 五位客人wǔ wèi kèrén 손님 다섯 분

★ 일반적으로 사용할 수 있는 대표적인 양사는 '个ge'가 있다.
이 '个ge'는 사람과 사물 모두를 대상으로 사용할 수 있다.

三个人sānge rén → 세 사람 / 八个苹果bāge píngguǒ → 사과 여덟 개

★ 자주 사용되는 양사

- 把bǎ : 손잡이나 쥐는 부분이 있는 물건
一把刀yì bǎ dāo 칼 한 자루 / 一把椅子yì bǎ yǐzi 의자 한 개 /
一把伞yì bǎ sǎn 우산 한 개

- 口kǒu : 사람, 돼지 등의 가축
三口人sānkǒu rén 세 식구 / 五口猪wǔ kǒu zhū 돼지 5마리

- 张zhāng : 납작하고 평평한 물건
一张纸yì zhāng zhǐ 종이 한 장 /
三张桌子sān zhāng zhuōzi 책상 다섯 개

- 家jiā : 집, 가게, 회사
两家百货商店liǎng jiā bǎihuò shāngdiàn 백화점 두 곳 /
三家贸易公司sānjiā màoyì gōngsī 무역회사 세 곳

‒ 个 gè : 일반적인 사람이나 사물

一个人 yíge rén 한 사람 / 三个梨子 sānge lízi 배 세 개 /

两个问题 liǎngge wèntí 두 가지 문제

★ 동량사 : 동작이나 행위의 횟수를 나타내는데 사용되며, 동사 +
수사 + 양사의 구조로 구성된다.

‒ 遍 biàn : 동작의 처음부터 끝까지의 전 과정

看一遍 kàn yíbiàn 한 번 보다. / 说一遍 shuō yíbiàn 한 차례 말
하다.

‒ 次 cì : 동작의 횟수 (반복 횟수)

读一次 dú yícì 한 번 읽다. /

见过两次 jiànguò liǎngcì 두 번 만난 적이 있다.

‒ 回 huí : 일반적으로 발생되는 동작의 횟수(회)

去了一回 qùle yì huí 한 번 가다.

‒ 下 xià : 단시간의 동작이나 가벼운 동작

想一下 xiǎng yíxià 잠시 생각하다. / 等一下 děng yíxià 잠시 기
다리다.

‒ 趟 tàng : 왕복하는 동작의 횟수

走一趟 zǒu yítàng 한 번 갔다 왔다. /

来一趟 lái yítàng 한 번 왔다 가다.

④ 동사 '是 shì' 의 용법 : 是(shì)는 우리말로 '~이다' 라는 뜻으로
주어와 목적어 사이의 관계를 판단한다. 영어와 달리 주어의 인
칭, 시제, 복수 여부에 따라 동사의 형태 변화는 없다. 부정형은
是(shì) 앞에 부정부사 不(bù)를 둔다.

我是韩国人。
Wǒ shì Hánguó rén
(나는 한국인이다.)

我不是韩国人。
Wǒ bú shì Hánguó rén
(나는 한국인이 아니다.)

他们是学生。
Tāmen shì xuésheng
(그들은 학생이다.)

她们都不是韩国人。
Tāmen dōu bú shì Hánguó rén
(그들은 모두가 한국 사람이 아닙니다.)

这个是你的书。
Zhège shì nǐ de shū
(이것은 당신의 책입니다.)

那个不是我的书。
Nàge bú shì wǒ de shū
(저것은 저의 책이 아닙니다.)

⑤ 소유동사 有yǒu : 동사 '有(yǒu)' 는 소유(~을 가지고 있다)와
존재(~에 ~이 있다)의 의미를 나타낸다. 소유의 뜻을 나타낼 경

우는 주어가 사람이며, 존재의 뜻을 나타낼 때는 주어가 사물이
된다. 따라서 주어에 따라 그 의미가 달라진다.

★ 소유

我有哥哥。
Wǒ yǒu gēge
(나는 형이 있습니다.)

我有一个弟弟。
Wǒ yǒu yíge dìdi
(나는 동생이 한 명 있습니다.)

他有妹妹。
Tā yǒu mèimei
(그는 여동생이 있습니다.)

他们有很多钱。
Tāmen yǒu hěnduō qián
(그들은 많은 돈을 가지고 있습니다.)

我有手机。
Wǒ yǒu shǒujī
(저는 핸드폰이 있습니다.)

我有电脑。
Wǒ yǒu diànnǎo
(저는 컴퓨터가 있습니다.)

★ 존재

教室里有椅子。
Jiàoshìli yǒu yǐzi
(교실에는 의자가 있습니다.)

我的房间里有电话。
Wǒ de fángjiānli yǒu diànhuà
(제 방에는 전화가 있습니다.)

外面有雪。
Wàimiàn yǒu xuě
(밖에는 눈이 있습니다.)

北京有很多人。
Běijīng yǒu hěnduō rén
(북경에는 사람이 매우 많습니다.)

★ 有(yǒu)의 부정

我没有钱。
Wǒ méiyǒu qián
(저는 돈이 없습니다.)

我没有手机。
Wǒ méiyǒu shǒujī
(저는 핸드폰이 없습니다.)

外面没有雪。
Wàimiàn méiyǒu xuě
(밖에는 눈이 없습니다.)

房间没有床。
Fángjiān méiyǒu chuáng
(방에는 침대가 없습니다.)

⑥ 존재동사 在zài : 동사 在는 존재의 유무(~에 있다)를 나타내
며, 뒤에는 꼭 장소를 나타내는 말이 온다.

我在学校。
Wǒ zài xuéxiào
(저는 학교에 있습니다.)

他们在房间。
Tāmen zài fángjiān
(그들은 방에 있습니다.)

她在饭店。
Tā zài fàndiàn
(그녀는 호텔에 있습니다.)

他们在韩国。
Tāmen zài Hánguó
(그들은 한국에 있습니다.)

我的爸爸在中国。
Wǒ de bàba zài Zhōngguó
(저의 아버지는 중국에 계십니다.)

★ 부정은 在(zài)의 앞에 不(bù)를 써서 나타낸다.

他不在家。
Tā bú zài jiā
(그는 집에 없습니다.)

我们不在宿舍。
Wǒmen bú zài sùshè
(우리는 기숙사에 없습니다.)

妈妈不在家。
Māma bú zài jiā
(어머니는 집에 안 계십니다.)

⑥ 조사

★ 구조조사 : 두 개 이상의 단어나 구를 연결시키는 기능이 있다.

― 的(de) : 명사, 형용사, 대명사 또는 구 뒤에서 관형어를 만들어
뒤의 명사 수식.

你的钱包在哪儿？
Nǐ de qiánbāo zài nǎr
(너의 지갑은 어디에 있니?)

这是我的手机。
Zhè shì wǒ de shǒujī
(이것은 저의 핸드폰입니다.)

他们有很大的房子。
Tāmen yǒu hěn dà de fángzi
(그들은 매우 큰 집을 가지고 있습니다.)

那个是谁的电话。
Nàge shì sheí de diànhuà
(저것은 누구의 전화입니까?)

― 地(de) : 형용사, 부사 또는 구 뒤에서 부사어를 만들어 동사, 형
용사 수식.

我非常认真地学习汉语。
Wǒ fēicháng rènzhēn de xuéxí Hànyǔ
(나는 매우 열심히 중국어를 공부합니다.)

你要好好地想一下。
Nǐ yào hǎohǎo de xiǎng yíxià
(좀 잘 생각 해보기 바랍니다.)

天气渐渐地暖和了。
Tiānqì jiànjiàn de nuǎn huole
(날씨가 점점 따뜻해졌다.)

他常常大声地说话。
Tā chángcháng dàshēng de shuōhuà
(그는 종종 큰소리로 말을 합니다.)

— 得(de) : 동사나 형용사 뒤에서 보어를 이끄는 역할.

他唱歌唱得很好。
Tā chànggē chàng de hěn hǎo
(그는 노래를 아주 잘 부릅니다.)

我写字写得很好。
Wǒ xiězì xiě de hěn hǎo
(저는 글씨를 아주 잘 씁니다.)

★ 동태조사 : 동사의 뒤에서 완료, 지속, 진행, 경험 등을 나타낸다.

— 了(le) : 문장에서 완료나 실현, 임박, 변화를 나타냄.

我看了一本书。
Wǒ kànle yì běn shū
(나는 책 한 권을 읽었다.) (완료)

我们快要结婚了。
Wǒmen kuàiyào jiéhūnle
(우리는 곧 결혼을 합니다.) (임박)

我的弟弟是大学生了。
Wǒ de dìdi shì dàxuéshengle
(제 남동생은 대학생이 되었습니다.) (변화)

- 着 (zhe) : 문장에서 진행이나 지속을 나타냄

我看着新闻。
Wǒ kànzhe xīnwén
(나는 뉴스를 보고 있습니다.)

外面下着雨。
Wàimiàn xiàzhe yǔ
(밖에는 비가 내리고 있습니다.)

我们家的门开着。
Wǒmen jiā de mén kāizhe
(우리 집 문은 열려 있습니다.)

- 过 (guò) : 문장에서 경험과 완료를 나타냄.

我去过北京。
Wǒ qùguò Běijīng
(나는 북경을 가본적이 있다.)

我看过这本书。
Wǒ kànguò zhè běn shū
(나는 이 책을 읽어본 적이 있다.)

他吃过中国菜。
Tā chīguò Zhōngguó cài
(그는 중국 음식을 먹어 본 적이 있다.)

⑦ 조동사 : 중국어에서 조동사는 동사의 앞에 위치하며, ~할 수 있
다, ~해도 좋다, ~하지 않으면 안 된다, ~해야 한다, ~하고 싶다
등의 의미를 더해주는 기능을 함.

★ 능력(能néng, 会huì) / 허가(可以kěyǐ) : ~할 수 있다, ~해도 좋다.
能은 능력이 있어서 어떤 일을 할 수 있음을 나타내며, 会는 학습,
훈련, 연습으로 능력을 갖추게 되어 할 수 있다는 것을 나타냄.

他很能写文章。
Tā hěn néng xiě wénzhāng
(그는 글을 아주 잘 씁니다.) (능력)

我能用英文唱歌。
Wǒ néng yòng Yīngwén chànggē
(저는 영어로 노래를 부를 수 있습니다.) (능력)

我会说汉语。
Wǒ huì shuō Hànyǔ
(나는 중국어를 할 줄 압니다.) (능력)

我会开车。
Wǒ huì kāichē
(나는 운전을 할 줄 압니다.) (능력)

你们可以看电视。
Nǐmen kěyǐ kàn diànshì
(너희들은 텔레비전을 봐도 된다.) (허가)

这里可以抽烟。
Zhèlǐ kěyǐ chōuyān
(여기서는 담배를 피워도 된다.) (허가)

★ 당연함이나 필요성 (마땅히 ~해야 한다) 应该yīnggāi / 得děi

应该yīnggāi는 마땅히 해야 하는 뜻으로 인정이나 도리상 그렇게 해야

함을 나타낼 때 사용, 得děi는 필요함이나 의무감을 나타낼 때 사용.

我们应该努力学习。
Wǒmen yīnggāi nǔlì xuéxí
(우리는 열심히 공부를 해야 합니다.) (당연)

你们应该去看老师。
Nǐmen yīnggāi qù kàn lǎoshī
(너희들은 선생님을 찾아 뵈어야 한다.) (당연)

我今天得回北京。
Wǒ jīntiān děihuí Běijīng
(저는 오늘 북경으로 돌아가야 합니다.) (필요)

明天爸爸的生日, 我得去买礼物。
Míngtiān bàba de shēngrì, wǒ děi qù mǎi lǐwù
(내일 아버지 생일이어서 선물을 사러 가야 한다.) (의무)

★ 주관적인 희망(~하고 싶다) : 想 xiǎng, 要 yào, 愿意yuànyì

我想去北京旅行。
Wǒ xiǎng qù Běijīng lǚxíng
(저는 북경으로 여행갈 생각입니다.) (계획)

我想上大学。
Wǒ xiǎng shàng dàxué
(저는 대학에 가고 싶습니다.) (바람)

你要早点回来。
Nǐ yào zǎodiǎn huílái
(너는 일찍 돌아와야 한다.) (의무)

他们要去市场。
Tāmen yào qù shìchǎng
(그들은 시장에 가려고 한다.) (계획)

我愿意学习英语。
Wǒ yuànyì xuéxí Yīngyǔ
(나는 영어를 배우고 싶다.) (희망)

我愿意参加会议。
Wǒ yuànyì cānjiā huìyì
(나는 회의에 참가하고 싶다.) (희망)

⑧ 의문문 만들기 : 중국어의 의문문은 모두 5가지 형식으로 이루
   어진다.

★ 의문 어기조사를 사용하는 의문문 : 문장 끝에 吗와 같은 의문
   어기사를 사용

你是学生吗?
Nǐ shì xuésheng ma
(당신은 학생입니까?)

→ 我是学生。
Wǒ shì xuésheng
(저는 학생입니다.)

→ 我不是学生。
Wǒ búshì xuésheng
(저는 학생이 아닙니다.)

这是你的吗?
Zhè shì nǐ de ma
(이것은 당신 것입니까?)

→ 这是我的。
Zhè shì wǒ de
(이것은 제 것입니다.)

→ 这不是我的。
Zhè búshì wǒ de
(이것은 제 것이 아닙니다.)

★ 의문대명사를 사용하는 의문문 : 누가, 무엇을, 어떻게, 어디서,

언제, 왜, 얼마만큼 등을 구체적으로 물을 때 사용한다.

(누가) 谁是你的哥哥?
Sheí shì nǐ dí gēge
(누가 당신의 형님이십니까?)

(언제) 妈妈什么时候回来?
Māma shénme shíhòu huílái
(어머니는 언제 돌아옵니까?)

(어디서) 你在哪儿工作?
Nǐ zài nǎr gōngzuò
(당신은 어디에서 일합니까?)

(무엇을) 你看什么?
Nǐ kàn shénme
(당신은 무엇을 봅니까?)

(어떻게) 你怎么来的?
Nǐ zěnme lái de
(당신은 어떻게 오셨습니까?)

(왜) 你为什么不吃?
Nǐ wèishénme bù chī
(당신은 왜 안드십니까?)

(선택) 你喜欢哪个？
Nǐ xǐhuān nǎge
(당신은 어떤 것을 좋아합니까?)

(상태) 味道怎么样？
Wèidào zěnme yàng
(맛이 어떻습니까?)

(소량) 你家有几口人？
Nǐ jiā yǒu jǐ kǒu rén
(식구가 몇 명입니까?)

(다량) 你们班有多少个学生？
Nǐmen bān yǒu duōshǎo ge xuésheng
(너의 반에는 학생이 얼마나 있니?)

(나이 많음) 您多大年纪？
Nín duōdà niánjì
(연세가 어떻게 되십니까?)

(나이 적음) 你几岁？
Nǐ jǐ suì
(너는 몇 살이니?)

★ 선택의문문 : 두 가지 혹은 그 이상의 가능성 가운데 하나를 선

택하여 답할 것을 요구하는 의문문

你是韩国人还是中国人？
Nǐ shì Hánguó rén háishì Zhōngguó rén
(당신은 한국사람입니까, 아니면 중국사람입니까?)

→ 我是韩国人。
Wǒ shì Hánguó rén
(저는 한국사람입니다.)

这是你的书还是我的书？
Zhè shì nǐ de shū háishì wǒ de shū
(이것은 당신의 책입니까, 아니면 저의 책입니까?)

→ 这是我的书。
Zhè shì wǒ de shū
(이것은 저의 책입니다.)

你喜欢红色的花还是白色的花？
Nǐ xǐhuān hóngsè de huā háishì báisè de huā
(당신은 붉은색 꽃을 좋아합니까, 아니면 흰색 꽃을 좋아합니까?)

→ 我喜欢红色的花。
Wǒ xǐhuān hóngsè de huā
(저는 붉은색 꽃을 좋아합니다.)

★ 정반의문문 : 동사, 조동사, 형용사 등을 '긍정+부정'의 형식으로 병렬시켜 만든 의문문

(동사의 병렬) 你是不是韩国人？
Nǐ shì búshì Hánguó rén
(당신은 한국사람입니까?)

(조동사의 병렬) 你会不会说汉语？
Nǐ huì bú huì shuō Hànyǔ
(당신은 중국어를 할 줄 압니까?)

(형용사의 병렬) 你喜欢不喜欢这本书？
Nǐ xǐhuān bù xǐhuān zhè běn shū
(당신은 이 책을 좋아합니까?)

★ 부가식 의문문 : 일정한 내용을 진술한 후에 문장 끝에 ~好吗 hǎo ma / ~对吗 duì ma / ~行吗 xíng ma / ~可以吗 kěyǐ ma / ~是不是 shì búshì / ~对不对 duì bú duì 등 어떤 의문성분을 부가하는 의문문

我们明天去看电影, 好吗?
Wǒmen míngtiān qù kàn diànyǐng, hǎo ma
(우리 내일 영화보러 가자, 어때?)

借我那本书看看, 行吗?
Jiè wǒ nà běn shū kàn kàn, xíng ma
(그 책 좀 빌려보자, 그래도 돼?)

他是韩国人, 是不是?
Tā shì Hánguó rén, shì búshì
(그는 한국사람이지, 그렇지?)

我先看看, 可以吗?
Wǒ xiān kàn kàn, kěyǐ ma
(내가 먼저 좀 볼게, 괜찮겠니?)

他是你的弟弟, 对不对?
Tā shì nǐ de dìdi, duì búduì
(그는 너의 동생이지, 맞지?)

Part 3

표현 익히기

1. 꼭 알아두어야 할 기본 표현
2. 꼭 필요한 구문 익히기

★ 인사하기

你好。
Nǐ hǎo
안녕하세요.

您好。
Nín hǎo
안녕하세요.

你好吗 ?
Nǐ hǎo ma
안녕하십니까?

早上好!
Zǎoshang hǎo
(아침) 안녕하세요!

晚上好。
Wǎnshang hǎo
(저녁) 안녕하세요!

再见!
Zàijiàn
잘가!

明天见!
Míngtiān jiàn
내일 보자!

回头见!
Huítóu jiàn
나중에 보자!

初次见面。
Chūcì jiànmiàn
처음 뵙겠습니다.

好久不见。
Hǎojiǔ bújiàn
오랜만입니다.

见到你很高兴。
Jiàn dào nǐ hěn gāoxìng
만나서 반갑습니다.

认识你很高兴。
Rènshí nǐ hěn gāoxìng
만나 뵙게 되어서 정말 기쁩니다.

过得怎么样?
Guò de zěnme yang
어떻게 지내십니까?

马马虎虎
Mǎmahǔhu
그저 그렇습니다.

让你久等了。
Ràng nǐ jiǔ děngle
오랫동안 기다리셨습니다.

请多多帮忙。
Qǐng duōduō bāngmáng
많이 도와주세요.

辛苦你了。
Xīnkǔ nǐle
수고하셨습니다.

★ 감사하기

谢谢。
Xièxie
감사합니다.

→ 不谢 / 不用谢
Bú xiè   Búyòng xiè
천만에요.

非常感谢。
Fēicháng gǎnxiè
대단히 감사합니다.

→ 不客气 / 别客气
Bú kèqì   Bié kèqì
천만에요.

谢谢你的关心。
Xièxie nǐ de guānxīn
관심가져 주서서 감사합니다.

谢谢你的帮忙。
Xièxie nǐ de bāngmáng
도와주서서 감사합니다.

★ 사과하기

对不起。
Duìbuqǐ
죄송합니다.

→ 没关系。
Méiguānxì
괜찮습니다.

实在对不起。
Shízài duìbuqǐ
정말 죄송합니다.

很抱歉
Hěn bàoqiàn
대단히 죄송합니다.

→ 没事。
Méishì
괜찮습니다.

请原谅
Qǐng yuánliàng
양해해주십시오.

→ 没问题。
Méi wèntí
괜찮습니다.

请不要见怪
Qǐng búyào jiànguài
언짢아 하지마십시오.

→ 不要紧。
Búyàojǐn
괜찮습니다.

麻烦你了。
Máfan nǐle
귀찮게 해드렸네요.

→ 没什么。
Méishénme
괜찮습니다.

哪儿的话。/ 哪里。
Nǎr dehuà　　　　Nǎli
천만에요.

算不了什么。
Suàn bùliǎo shénme
별일 아니에요.

★ 반문하기

我听不懂。
Wǒ tīng budǒng
무슨 뜻인지 모르겠습니다.

你说什么？
Nǐ shuō shénme
뭐라고 말씀하셨나요?

请再说一遍。
Qǐng zài shuō yíbiàn
다시 한번 말씀해주세요.

请说慢一点儿。
Qǐng shuō màn yìdiǎnr
좀 천천히 말씀해 주세요.

真的吗？
Zhēn de ma
정말입니까?

★ 시간 or 장소 묻기

厕所在哪里
Cèsuǒ zài nǎli ?
화장실이 어디에 있나요?

→ 在外边。
　Zài wàibian
　밖에 있습니다.

你从哪里来？
Nǐ cóng nǎli lái ?
당신은 어디에서 오셨나요?

→ 我从韩国来的。
　Wǒ cóng Hánguó lái de
　저는 한국에서 왔습니다.

我们在哪儿见面
Wǒmen zài nǎr jiànmiàn ?
우리 어디에서 만날까요?

→ 在饭店见面。
　Zài fàndiàn jiànmiàn
　호텔에서 만나요.

你去哪儿？
Nǐ qù nǎr
어디가세요 ?

→ 我去银行。
Wǒ qù yínháng
저는 은행에 갑니다.

你在哪儿?
Nǐ zài nǎr
어디에 계신가요 ?

→ 我不知到我在哪儿。
Wǒ bù zhīdào wǒ zài nǎr.
저도 제가 어디에 있는지 모르겠어요.

你什么时候去？
Nǐ shénme shíhòu qù
언제 가시나요 ?

→ 我今天下午去。
Wǒ jīntiān xiàwǔ qù
오늘 오후에 갑니다.

什么时候都可以。
Shénme shíhòu dōu kěyǐ
아무때나 괜찮습니다.

现在几点 ？
Xiànzài jǐ diǎn ?
지금 몇시 입니까?

→ 六点。
Liù diǎn
여섯시입니다.

今天几月几号?
Jīntiān jǐ yuè jǐ hào
오늘은 몇 월 며칠입니까?

→ 九月十号。
Jiǔ yuè shí hào
구월 십일입니다.

什么时候开始放假?
Shénme shíhòu kāishǐ fàngjià
언제 방학이 시작되나요?

→ 下星期开始放假。
Xià xīngqī kāishǐ fàngjià
다음 주에 방학이 시작됩니다.

★ 질문하기

这是什么?
Zhè shì shénme
이것은 무엇인가요?

→ 这是玩具。
zhè shì wánjù
이것은 장난감입니다.

这是用什么做的?
Zhè shì yòng shénme zuò de
이것은 무엇을 사용해서 만들었나요?

→ 用牛奶做的。
Yòng niúnǎi zuò de
우유로 만들었습니다.

有事吗?
Yǒushì ma
무슨 일 있나요?

→ 没有。
Méiyǒu
없어요.

你看什么?
Nǐ kàn shénme
무엇을 보나요 ?

→ 我看新闻。
Wǒ kàn xīnwén
저는 뉴스를 봅니다.

她是谁?
Tā shì sheí
그녀는 누구인가요?

→ 她是我的妈妈。
Tā shì wǒ de māma
그녀는 나의 어머니입니다.

谁看孩子?
Sheí kàn háizi
누가 아이를 돌보나요?

→ 我看。
Wǒ kàn
제가 봅니다.

你找谁?
Nǐ zhǎo sheí
누구를 찾으시나요?

→ 找李小姐。
Zhǎo lǐ xiǎojiě
미스리를 찾습니다.

这是谁的汽车?
Zhè shì sheí de qìchē
이것은 누구의 자동차입니까?

→ 是我的。
Shì wǒ de
제 것입니다.

谁是你的老师?
Sheí shì nǐ de lǎoshī
누가 당신의 선생님이신가요?

→ 他是。
Tā shì
저 분이요.

你喜欢哪个?
Nǐ xǐhuān nǎge
어느 것을 좋아하나요?

→ 我喜欢哪个。
Wǒ xǐhuān nàge
저는 저것이 좋습니다.

你要哪个?
Nǐ yào nǎge
어느 것을 원하시나요?

→ 我要这个。
Wǒ yào zhège
저는 이것을 원합니다.

哪个最大?
Năge zuìdà
어느 것이 가장 큰가요?

这个。
Zhège
이거요.

是哪个公司?
Shì năge gōngsī
어느 회사인가요?

→ 是这个公司。
　　Shì zhège gōngsī
　　이 회사입니다.

你挑了哪个手表?
Nǐ tiāole năge shǒubiǎo
당신은 어느 손목시계를 골랐나요?

→ 我挑了这个。
　　Wǒ tiāole zhège
　　저는 이것을 골랐습니다.

为什么等?
Wèishénme děng
왜 기다리나요?

→ 他还没来。
　　Tā hái méi lái
　　그가 아직 오지 않았어요.

你为什么没来?
Nǐ wèishénme méi lái
당신은 왜 오지 않았나요?

→ 感冒了。
Gǎnmàole
감기에 걸렸어요.

你为什么学中国话?
Nǐ wèishénme xué Zhōngguó huà
당신은 왜 중국어를 배우나요?

→ 我对中国文化很有兴趣。
Wǒ duì Zhōngguó wénhuà hěn yǒu xìngqù
저는 중국 문화에 대해 매우 많은 흥미가 있습니다.

北京烤鸭怎么吃?
Běijīng kǎoyā zěnme chī
북경 오리구이는 어떻게 먹나요?

去西单怎么走?
Qù xīdān zěnme zǒu
시단은 어떻게 가나요?

→ 一直走。
Yìzhí zǒu
쭉 계속 가세요.

饺子怎么做?
Jiǎozi zěnme zuò
교자 만두는 어떻게 만드나요?

→ 这么做。
Zhěnme zuò
이렇게 만듭니다.

春节怎么过?
Chūnjié zěnmeguò
춘절은 어떻게 보내시나요?

→ 去旅游。
Qù lǚyóu
여행을 갑니다.

你怎么学汉语的?
Nǐ zěnme xué Hànyǔ de
당신은 어떻게 중국어를 공부하나요?

→ 我每天听录音。
Wǒ měitiān tīng lùyīn
저는 매일 녹음을 들어요.

这个多少钱?
Zhège duōshǎo qián
이것은 얼마입니까?

→ 一百五。
Yìbǎi wǔ
150위안입니다.

一共多少钱?
Yígòng duōshǎo qián
모두 얼마입니까?

→ 八十。
Bāshí
80위안입니다.

到机场要多少钱?
Dào jīchǎng yào duōshǎo qián
공항까지 얼마입니까?

→ 一百五。
Yìbǎi wǔ
150위안입니다.

这件毛衣多少钱?
Zhè jiàn máoyī duōshǎo qián
이 스웨터는 얼마인가요?

→ 一千二。
　　Yìqiān èr
　　1200위안입니다.

你在中国住几天?
Nǐ zài Zhōngguó zhù jǐtiān
당신은 중국에 며칠 머무르나요?

→ 住四天。
　　Zhù sìtiān
　　4일 머무를 겁니다.

去机场要多长时间?
Qù jīchǎng yào duō cháng shíjiān
공항까지 얼마나 걸리나요?

→ 要一个小时。
　　Yào yíge xiǎoshí
　　한 시간 걸립니다.

北京大学离这儿有多远?
Běijīng dàxué lí zhèr yǒu duō yuǎn
북경대학교는 여기에서 얼마나 먼가요?

→ 有一公里。
　　Yǒuyì gōnglǐ
　　1km 정도입니다.

你们班有多少个学生?
Nǐmen bān yǒu duōshǎo ge xuésheng
너희 반에는 몇 명의 학생이 있나요?

→ 有三十五个。
Yǒu sānshíwǔ gè
35명이 있습니다.

你多大?
Nǐ duōdà
몇 살이니 ?

→ 我今年三十岁。
Wǒ jīnnián sānshí suì
저는 올해 30살입니다.

你孩子有多高?
Nǐ háizi yǒu duō gāo
당신의 아이의 키가 얼마나 되나요?

→ 一米七五。
Yì mǐ qīwǔ
1m 75cm입니다.

这个苹果有多重?
Zhège píngguǒ yǒu duō zhòng
이 사과는 얼마나 무거운가요 ?

→ 有一公斤。
Yǒu yìgōngjīn
1kg입니다.

这间房子有多大 ?
Zhè jiān fángzi yǒu duōdà
이 집은 얼마나 큰가요 ?

→ 四十平方米。
Sìshí píngfāng mǐ
40㎡ 입니다.

那个湖有多深?
Nàgè hú yǒu duō shēn
저 호수는 얼마나 깊나요?

→ 三米多。
　Sān mǐ duō
　3m 이상입니다.

那条河有多长?
Nà tiáo hé yǒu duō chǎng
저 강은 얼마나 긴가요?

→ 大约三千米。
　Dàyuē sānqiān mǐ
　대략 3천m 됩니다.

★ 숫자 및 시간 익히기

一 (yī) · 二(èr) · 三(sān) · 四(sì) · 五(wǔ) · 六(liù) · 七(qī) · 八(bā) · 九(jiǔ) · 十(shí) (1, 2, 3, 4, 5, 6, 7, 8, 9, 10)

十一(shíyī) · 十二(shí èr) · 二十一(èrshíyī) · 九十九(jiǔ shí jiǔ) · 一百(yì bǎi) · 二百(èr bǎi) (11, 12, 21, 99, 100, 200)

一千三百(yìqiān sānbǎi) 1300 · 一万(yí wàn) 10000

十万(shí wàn) · 二十万(èrshí wàn) · 一百万(yì bǎi wàn) · 一百五十万(yì bǎi wǔshí wàn) (10만, 20만, 100만, 150만)

早上(zǎoshang) 오전 · 中午(zhōngwǔ) 정오 · 下午(xiàwǔ) 오후 · 晚上(wǎnshàng) 저녁

点(diǎn) 시 · 分(fēn) 분 · 一刻(yíkè) 15분 · 半(bàn) 30분(반)

早上九点(zǎoshang jiǔ diǎn) 오전 9시 · 八点二十五分(bā diǎn èrshíwǔ fēn) 8시 25분 · 下午两点半(xiàwǔ liǎng diǎn bàn) 오후 2시반 · 七点一刻 (qī diǎn yí kè) 7시 15분

★ 자기소개

你叫什么名字?
Nǐ jiào shénme míngzi
당신의 이름이 무엇입니까?

我叫金明浩。
Wǒ jiào Jīn mínghào
저의 이름은 김명호입니다.

你是哪里人。
Nǐ shì nǎlirén
당신은 어디 사람입니까?

我是东北人。
Wǒ shì dōngběi rén
저는 동북사람입니다.

你是哪国人?
Nǐ shì nǎ guórén
당신은 어느나라 사람입니까?

我是韩国人。
Wǒ shì Hánguó rén
저는 한국인입니다.

你今年多大了?
Nǐ jīnnián duōdàle
당신은 올해 몇 살입니까?

二十三岁。
Èrshísān suì
23살입니다.

你属什么?
Nǐ shǔ shénme
당신은 무슨 띠예요?

我属龙。
Wǒ shǔ lóng
저는 용띠입니다.

你家有几口人?
Nǐ jiā yǒu jǐ kǒu rén
당신의 가족은 몇 명입니까?

我家有四口人, 爸爸, 妈妈, 弟弟和我。
Wǒjiā yǒu sì kǒu rén, bàba, māma, dìdi hé wǒ
저희집은 네식구입니다. 아빠, 엄마, 남동생 그리고 저입니다.

你有几个兄弟姐妹?
Nǐ yǒu jǐ gè xiōngdì jiěmèi
형제자매가 몇 명인가요?

有一个妹妹。
Yǒu yíge mèimei
여동생 한 명있습니다.

我是独生子。
Wǒ shì dúshēngzǐ
저는 외동입니다.

你的工作呢?
Nǐ de gōngzuò ne
당신의 직업은요?

我是上班族。
Wǒ shì shàngbān zú
저는 샐러리맨입니다.

我在医院工作。
Wǒ zài yīyuàn gōngzuò
저는 병원에서 근무합니다.

我自己开店。
Wǒ zìjǐ kāidiàn
저는 자영업을 합니다.

您贵姓?
Nín guìxìng
당신의 성은 무엇입니까?

我姓王。
Wǒ xìng wáng
제 성은 왕입니다.

你是学生吗?
Nǐ shì xuésheng ma
당신은 학생입니까?

我不是学生, 是公司职员。
Wǒ búshì xuésheng, shì gōngsī zhíyuán
저는 학생이 아닙니다. 회사원입니다.

是什么样的公司。
Shì shénme yàng de gōngsī.
어떠한 회사인가요?

是一家做买卖的公司。
Shì yìjiā zuò mǎimài de gōngsī
무역하는 회사입니다.

你在公司工作多长时间了。
Nǐ zài gōngsī gōngzuò duō cháng shíjiānle,
당신은 회사에서 일한 지 얼마나 되었어요.

已经有五年了。
Yǐjīng yǒu wǔ niánle
이미 5년이 되었습니다.

你喜欢这个工作吗?
Nǐ xǐhuān zhège gōngzuò ma?
당신은 이 일을 좋아하나요?

还行。
Hái xíng
그런대로 괜찮습니다.

你的爱好是什么?
Nǐ de àihào shì shénme
당신의 취미는 무엇입니까?

我喜欢打高尔夫球。
Wǒ xǐhuān dǎ gāo'ěrfūqiú
저는 골프 치는 것을 좋아합니다.

我喜欢看书。
Wǒ xǐhuān kànshū
저는 책 보는 것을 좋아합니다.

我喜欢看中国电影。
Wǒ xǐhuān kàn Zhōngguó diànyǐng
저는 중국영화 보는 것을 좋아합니다.

你做什么运动?
Nǐ zuò shénme yùndòng
당신은 무슨 운동을 하나요?

我只喜欢看, 不喜欢打。
Wǒ zhǐ xǐhuān kàn, bù xǐhuān dǎ
저는 보는 것만 좋아하고, 하는 것은 좋아하지 않습니다.

我很喜欢打网球。
Wǒ hěn xǐhuān dǎ wǎngqiú
저는 테니스를 매우 좋아합니다.

我不太喜欢做运动。
Wǒ bú tài xǐhuān zuò yùndòng
저는 운동하는 것을 그다지 좋아하지 않습니다.

★ 약속 정하기

明天你有时间吗?
Míngtiān nǐ yǒu shíjiān ma
내일 시간 있으신가요?

有, 没问题。
Yǒu, méi wèntí
있어요, 괜찮습니다.

明天我有点儿事。
Míngtiān wǒ yǒudiǎnr shì
내일 저는 일이 있습니다.

星期二下午怎么样?
Xīngqí'èr xiàwǔ zěnme yàng
화요일 오후 어떤가요?

可以。
Kěyǐ
괜찮아요.

我们几点见面?
Wǒmen jǐ diǎn jiànmiàn
우리 몇 시에 만날까요?

几点都可以。
Jǐ diǎn dōu kěyǐ
언제든 다 괜찮아요.

三点半, 怎么样?
Sān diǎn bàn, zěnme yàng
3시 반, 어떠세요?

再早一点儿吧。
Zài zǎo yìdiǎnr ba
조금 더 일찍봐요.

我们在哪儿见面?
Wǒmen zài nǎr jiànmiàn
우리 어디에서 만날까요?

在北京饭店的大厅见面吧。
Zài Běijīng fàndiàn de dàtīng jiànmiàn ba
북경호텔 로비에서 만납시다

不见不散 !
Bújiàn bú sàn
오실 때까지 기다릴게요.

★ 전화통화하기

喂 ! 李文龙家吗?
Wèi! Lǐwénlóng jiā ma
여보세요! 이문용집인가요?

是的，您是哪位？
Shì de, nín shì nǎ wèi
맞아요, 누구신가요?

我叫金一红。
Wǒ jiào Jīn yī hóng.
저는 김일홍입니다.

我是文龙的朋友。
Wǒ shì Wén lóng de péngyou
문용이의 친구예요.

文龙在家吗？
Wén lóng zàijiā ma
문용이 집에 있나요?

在，请等一下。
Zài, qǐng děng yíxià
있어요, 잠시만 기다리세요.

现在她不在。
Xiànzài tā búzài
지금 그녀는 집에 없어요.

请您转告他一红来过电话。
Qǐng nín zhuǎngào tā Yī hóng láiguò diànhuà
일홍이한테서 전화가 왔었다고 전해주세요.

让他今晚给我打电话。
Ràng tā jīn wǎn gěi wǒ dǎ diànhuà
그에게 오늘 저녁 저에게 전화 좀 해달라고 해주세요.

让他回来就给我打我的手机。
Ràng tā huílái jiù gěi wǒ dǎ wǒ de shǒujī
그가 돌아오면, 제 휴대폰으로 전화해달라고 해주세요.

让他给饭店打电话。
Ràng tā gěi fàndiàn dǎ diànhuà
그에게 호텔로 전화해달라고 해주세요.

我的电话号码是 13903453456。
Wǒ de diànhuà hàomǎ shì yāo sānjiǔ líng sānsìwǔsānsìwǔliù
제 전화번호는 13903453456입니다.

那我过一会儿再打。
Nà wǒ guò yíhuìr zài dǎ
그러면, 잠시후 제가 다시 걸겠습니다.

好的, 我转告他。
Hǎo de, wǒ zhuǎngào tā
알겠습니다. 그에게 전달할게요.

再见!
Zàijiàn
안녕히계세요!

★ 용건 말하기

下个月5号我打算去北京。
Xià gè yuè wǔ hào wǒ dǎsuàn qù Běijīng
다음 달 5일 저는 북경에 갈 예정입니다.

你打算呆几天?
Nǐ dǎsuàn dāi jǐ tiān
당신은 몇일이나 있을 예정인가요?

一个星期。
Yíge xīngqī
일주일이요.

我想和你见面。
Wǒ xiǎng hé nǐ jiànmiàn
저는 당신을 뵙고 싶습니다.

你住哪儿?
Nǐ zhù nǎr
당신은 어디에서 머무나요?

2. 꼭 필요한 구문 익히기

我住北京饭店。
Wǒ zhù Běijīng fàndiàn
저는 북경 호텔에서 머뭅니다.

北京饭店怎么走呢
Běijīng fàndiàn zěnme zǒu ne
북경호텔은 어떻게 가야하나요?

机场有饭店的接送巴士。
Jīchǎng yǒu fàndiàn de jiēsòng bāshì
공항에 호텔 셔틀버스가 있습니다.

坐出租车吧。
Zuò chūzū chē ba
택시를 타세요.

坐地铁方便。
Zuò dìtiě fāngbiàn
지하철이 편해요.

哪家航空公司？
Nǎ jiā hángkōng gōngsī
어느 항공사인가요?

韩亚航空711班机。
Hán yà hángkōng qī yāo yāo bānjī
아시아나 711편입니다.

几点到北京首都机场？
Jǐ diǎn dào Běijīng shǒudū jīchǎng
북경수도공항에는 몇 시에 도착하나요?

十二点半到北京首都机场。
Shí' èr diǎn bàn dào Běijīng shǒudū jīchǎng
12시 반에 북경수도공항에 도착합니다.

我到机场去接你。
Wǒ dào jīchǎng qù jiē nǐ
제가 공항에 마중 나갈게요.

我在机场大厅等你。
Wǒ zài jīchǎng dàtīng děng nǐ
제가 공항 로비에서 당신을 기다리겠습니다.

你那边的天气怎么样？
Nǐ nà biān de tiānqì zěnme yang
당신이 있는 그곳의 날씨는 어떠한가요?

最近很冷。
Zuìjìn hěn lěng
최근에 매우 춥습니다.

需要带大衣。
Xūyào dài dàyī
외투를 입어야 합니다.

最近常下雨，需要带雨伞。
Zuìjìn cháng xià yǔ, xūyào dài yǔsǎn
최근에 자주 비가 와요, 우산을 가지고 다녀야 합니다.

★ 중국어를 정말 잘하시네요!

你中文说得真好！
Nǐ Zhōngwén shuō de zhēn hǎo
당신은 중국어를 정말로 잘하시는군요!

不敢当。还差得远。
Bù gǎndāng, Hái chà de yuǎn
천만의 말씀입니다, 아직 멀었습니다.

你学中文学了多久?
Nǐ xué Zhōngwén xuéle duōjiǔ
당신은 중국어를 얼마동안 배웠나요 ?

我学中文学了两年。
Wǒ xué Zhōngwén xuéle liǎng nián
저는 중국어를 2년 동안 배웠습니다.

你在哪儿学中文呢?
Nǐ zài nǎr xué Zhōngwén ne
당신은 어디에서 중국어를 배웠습니까 ?

我在韩国学中文了。
Wǒ zài Hánguó xué Zhōngwénle
저는 한국에서 중국어를 배웠습니다.

你来中国做什么?
Nǐ lái Zhōngguó zuò shénme
중국에는 어떻게 오셨나요 ?

我来中国办事。
Wǒ lái Zhōngguó bànshì
저는 중국에 일을 보러왔습니다.

★ 要/不要 yào/búyào

원하다(필요하다) / 원하지 않다(필요하지 않다)

我要这个。
Wǒ yào zhège
저는 이것이 필요해요.

我要那个。
Wǒ yào nàge
저는 저것이 필요해요.

我要咖啡。
Wǒ yào kāfēi
저는 커피로 할게요.

你要啤酒吗？
Nǐ yào píjiǔ ma
맥주 마실건가요?

我要一瓶啤酒。
Wǒ yào yì píng píjiǔ
맥주 한 병 주세요.

我不要。
Wǒ búyào
저는 필요없어요(괜찮습니다).

我要吃饭。
Wǒ yào chīfàn
저는 밥을 먹겠습니다.

我要照相。
Wǒ yào zhàoxiàng
저는 사진을 찍고 싶어요.

我要去书店。
Wǒ yào qù shūdiàn
저는 서점에 가려고 합니다.

我要买乌龙茶。
Wǒ yào mǎi wūlóngchá
저는 우롱차를 사려고 합니다.

★ 多少钱 Duōshǎo qián

얼마인가요?

这个要多少钱？
Zhège yào duōshǎo qián
이것은 얼마인가요?

多少钱一个？
Duōshǎo qián yíge
한 개에 얼마인가요?

五十块钱。
Wǔshí kuài qián
50위안입니다.

这件衣服多少钱？
Zhè jiàn yīfu duōshǎo qián
이 옷은 얼마인가요?

一百块。
Yì bǎi kuài
100위안입니다.

这个皮鞋多少钱？
Zhège píxié duōshǎo qián
이 가죽신발은 얼마인가요?

两千五百。
Liǎng qiān wǔbǎi
2500위안입니다.

★ ~在哪儿? ~zài nǎr? / 哪里 nǎil

~은/는 어디에 있나요?

银行在哪儿? / 哪里?
Yínháng zài nǎr? / nǎli?
은행은 어디에 있나요?

在前面。
Zài qiánmiàn
앞쪽에 있습니다.

厕所在哪儿? / 哪里?
Cèsuǒ zài nǎr? / nǎil?
화장실은 어디에 있나요?

在那儿。
Zài nàr
저기에 있습니다.

地铁站在哪儿? / 哪里?
Dìtiě zhàn zài nǎr? / nǎil?
지하철역은 어디에 있나요?

导游在哪儿? / 哪里?
Dǎoyóu zài nǎr? / nǎil?
가이드는 어디에 있나요?

餐厅在哪儿? / 哪里?
Cāntīng zài nǎr? / nǎil?
레스토랑은 어디에 있나요?

★ 去哪儿? Qù nǎr? / 哪里 nǎil?

어디에 가나요?

你去哪儿? / 哪里?
 Nǐ qù nǎr?   /   nǎil?
당신은 어디에 가나요?

下午我们去哪儿? / 哪里?
Xiàwǔ wǒmen qù nǎr? / nǎil ?
오후에 우리는 어디에 가나요?

今天去哪儿? / 哪里?
Jīntiān qù nǎr?   /   nǎil ?
오늘 어디가나요?

★ ~是什么? ~Shì shénme

~은 무엇인가요?

这是什么?
Zhè shì shénme
이것은 무엇인가요?

那是什么?
Nà shì shénme
저것은 무엇인가요?

那个楼是什么?
Nàge lóu shì shénme
저 건물은 무엇인가요?

★ 这是~ Zhè shì~

이것은 ~ 입니다.

这是笔。
Zhè shì bǐ
이것은 연필입니다.

这是我的。
Zhè shì wǒ de
이것은 제것입니다.

这不是我的。
Zhè búshì wǒ de
이것은 제것이 아닙니다.

这是你的吗？
Zhè shì nǐ de ma
이것은 당신의 것입니까?

★ 有~吗？ Yǒu ~ma?

~ 있나요?

有咖啡吗？
Yǒu kāfēi ma?
커피 있나요?

有地图吗？
Yǒu dìtú ma?
지도 있나요?

有饮料吗？
Yǒu yǐnliào ma?
음료 있나요?

★ 请 Qǐng

부탁드립니다.

请您等一下。
Qǐng nín děng yíxià
잠시만 기다려주세요.

请问?
Qǐngwèn?
실례합니다(말씀 좀 물을게요).

请您帮忙。
Qǐng nín bāngmáng
도와주세요.

★ 可以~吗? Wǒ kěyǐ ~ma

~해도 될까요?

我可以抽烟吗?
Wǒ kěyǐ chōuyān ma
제가 담배를 피워도 될까요?

我可以开窗户吗?
Wǒ kěyǐ kāi chuānghù ma
제가 창문을 열어도 될까요?

★ 会吗? Huì ma

할 수 있나요?

你会说汉语吗？
Nǐ huì shuō Hànyǔ ma
당신은 중국어를 할 수 있나요?

我会。
Wǒ huì
할 수 있어요.

我不会。
Wǒ bú huì
할 수 없어요.

★ 怎么样? Zěnme yàng

어떻습니까?

今天天气怎么样？
Jīntiān tiānqì zěnme yàng
오늘 날씨가 어떤가요?

天气很好。
Tiānqì hěn hǎo
날씨가 매우 좋아요.

很冷。

Hěn lěng
매우 추워요.

今天天气真热。
Jīntiān tiānqì zhēn rè
오늘 날씨는 정말 더워요.

下雨呢。
Xià yǔ ne
비가 오고 있습니다.

★ 你吃饭了吗? Nǐ chīfànle ma

식사하셨나요?

吃过了。
Chīguòle
먹었습니다.

还没吃。
Hái méi chī
아직 안 먹었습니다.

那么, 我们一起吃饭, 好不好？
Nàme, wǒmen yìqǐ chīfàn, hǎobù hǎo
그러면 우리 같이 밥먹어요, 어때요?

Part 4

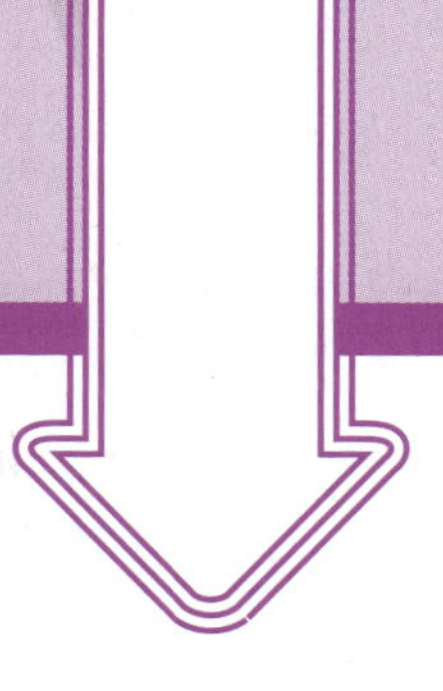

응용회화

1. 订票dìngpiào 표 예약하기
2. 换钱Huànqián 환전하기
3. 在餐厅zàicāntīng 식당이용
4. 买东西mǎidōngxī 쇼핑하기
5. 逛街guàngjiē 시내관광
6. 看病kànbìng 병원가기

대화 1-1

A : 麻烦您, 能帮我订一张去上海的火车票吗?
Máfan nín, néng bāng wǒ dìng yì zhāng qù shànghǎi de huǒchē piào ma?
실례합니다, 상해로 가는 기차 표 한 장 예약해 주시겠어요?

B : 您是几号房间?
Nín shì jǐ hào fángjiān
몇 호실이신가요?

A : 我是501的。
Wǒ shì wǔ líng yāo de
501호입니다.

B : 您是要订哪天的? 高铁还是特快?
Nín shì yào dìng nǎ tiān de? Gāotiě háishì tèkuài?
언제로 예약하실건가요? 고속철도인가요 아니면 특급열차인가요?

A : 最好是明天上午的。是高铁的。
Zuì hǎo shì míngtiān shàngwǔ de. Shì gāotiě de
가장 좋은건 내일 오전입니다. 고속철도입니다.

B : 我为您查, 请稍等
Wǒ wèi nín chá, qǐng shāo děng
조회를 해볼게요, 잠시만 기다려주세요.

B : 订好了. 明天到买票的地方买票就可以了。
Dìng hǎole, míngtiān dào mǎi piào de dìfāng mǎi piào jiù kěyǐle
예약되었습니다. 내일 매표소로 오셔서 표를 구매하시면 됩니다.

A : 谢谢您！
Xièxie nín
감사합니다!

대화 1-2

A : 喂! 中国国际航空公司国内航班订票处吗?
Wèi! Zhōngguó guójì hángkōng gōngsī guónèi hángbān dìng piào
chù ma
여보세요, 중국국제항공공사 국내 비행기표 예매소인가요?

B : 是的。您要订票吗?
Shì de. Nín yào dìng piào ma
맞습니다. 표 예약하시게요?

A : 是的。我想订一张明天的飞往广州的机票。
Shì de. Wǒ xiǎng dìng yì zhāng míngtiān de fēi wǎng Guǎngzhōu de
jīpiào.
네, 내일 광저우 가는 비행기표 한 장 예약하고 싶습니다.

B : 请稍等。我为您查一下(一会儿以后)让您久等了。
Qǐng shāo děng. Wǒ wèi nín chá yíxià (yíhuìr yǐhòu) ràng nín jiǔ
děngle
잠시만 기다려주세요. 조회를 해보겠습니다.
(잠시 후) 오랫동안 기다리셨습니다.

B : 你想要头等舱还是经济舱？
Nín xiǎng yào tóu děng cāng háishì jīngjì cāng
일등석을 원하시나요, 아니면 이코너미석을 원하시나요?

A : 我要一张经济舱。
Wǒ yào yì zhāng jīngjì qiáng
이코너미석으로 한 장이요.

B : 好了。您可以在我们的任何一家办事处购买机票。
Hǎole. Nín kěyǐ zài wǒmen de rènhé yìjiā bànshì chù gòumǎi jīpiào
알겠습니다. 저희 회사의 어떤 지점에서도 표를 구매하실 수 있습니다.

A : 谢谢您。
Xièxie nín
감사합니다.

2. 换钱Huànqián 환전하기

대화 2-1

A : 早上好? 您需要帮忙吗?
Zǎoshang hǎo? Nín xūyào bāngmáng ma
안녕하세요, 무엇을 도와드릴까요?

B : 我想把美元换成人民币。
Wǒ xiǎng bǎ měiyuán huàn chéng rénmínbì
저는 달러를 인민폐로 바꾸고 싶습니다.

A : 您要换多少钱?
Nín yào huàn duōshǎo qián
얼마나 바꾸실건가요?

B : 我大概需要500美元。
Wǒ dàgài xūyào wǔ bǎi měiyuán
저는 대략 500달러 정도 바꾸고 싶어요.

B : 今天的汇率是多少?
Jīntiān de huìlǜ shì duōshǎo
오늘의 환율이 어떻게 되나요?

A : 今天汇率为一美元兑换6,03元。
Jīntiān huìlǜ wéi yì měiyuán duìhuàn liù diǎn líng sān yuán
오늘 환율은 1달러에 6.03위안입니다.

B : 500美元。顺便说一下, 请给我十块的一百。
Wǔbǎi měiyuán. Shùnbiàn shuō yíxià, qǐng gěi wǒ shíkuài de yìbǎi
500달러입니다. 참고로 100위안은 10위안짜리로 주세요.

A : 请填一下这张表格, 好吗?
Qǐng tián yíxià zhè zhāng biǎogé, hǎo ma
이 용지에 기입을 해주시겠어요?

B : 好的。
Hǎo de
알겠습니다.

A : 早上好! 我想寄一些明信片和一封信到韩国。
Zǎoshang hǎo! Wǒ xiǎng jì yìxiē míngxìnpiàn hé yìfēng xìn dào Hánguó.
안녕하세요! 저는 이 엽서와 편지를 한국으로 보내려고 하는데요.

A : 请把邮资告诉我好吗？
Qǐng bǎ yóuzī gàosù wǒ hǎo ma
우편 요금을 알려주실 수 있나요?

B : 一张明信片一块钱。
Yì zhāng míngxìnpiàn yíkuài qián
우편 엽서는 한 장에 1위안입니다.

B : 信的邮资按重量算。
Xìn de yóuzī àn zhòngliàng suàn
편지는 무게에 따라 우편 요금이 책정됩니다.

B : 还有其他的东西吗？
Hái yǒu qítā de dōngxī ma
다른거 더 있으신가요?

A : 我想把这个包裹寄到上海。
Wǒ xiǎng bǎ zhège bāoguǒ jì dào Shànghǎi
이 소포를 상해로 보내고 싶습니다.

B : 好的。把它放秤上。
Hǎo de. Bǎ tā fàng chèng shàng
알겠습니다. 저울 위에 올려주세요.

A : 大概需要几天能拿到手?
Dàgài xūyào jǐ tiān néng ná dàoshǒu
대략 며칠이면 받아볼 수 있나요?

B : 大概需要三天就够了。
Dàgài xūyào sān tiān jiù gòule
대략 3일이면 충분할 거예요.

A : 总共多少钱?
Zǒnggòng duōshǎo qián
모두 얼마인가요?

B : 总共一百二十块钱。需要发票吗?
Zǒnggòng yìbǎi èrshí kuài qián. Xūyào fāpiào ma
모두 120위안입니다. 영수증 필요하신가요?

A : 不用。
Búyòng
필요없습니다.

3. 在餐厅zàicāntīng 식당이용

대화 3-1

A : 我要预订今晚6点的座位. 共三个人。
　　Wǒ yào yùdìng jīn wǎn liù diǎn de zuòwèi, gòng sān gerén
　　오늘 저녁 6시로 좌석을 예약하고 싶은데요, 모두 3명입니다.

B : 6点钟。好的. 请问您贵姓？给我留联系方法。
　　Liù diǎn zhōng. Hǎo de, qǐngwèn nín guìxìng? Gěi wǒ liú liánxì fāngfǎ
　　6시, 알겠습니다. 성함이 어떻게 되시나요? 연락처를 남겨주세요.

A : 我姓金。北京饭店705房间。
　　Wǒ xìng Jīn. Běijīng fàndiàn qī líng wǔ fángjiān
　　김씨입니다. 북경호텔 705호입니다.

B : 都给您订好了。
　　Dōu gěi nín dìng hǎole
　　예약되셨습니다.

（到餐厅）
（Dào canting）
（레스토랑 도착）

B : 有预定吗?
　　Yǒu yùdìng ma
　　예약하셨나요?

A : 是的。我有预定。
Shì de. Wǒ yǒu yùdìng
네, 예약했습니다.

B : 请跟我来，我带你们就坐。
Qǐng gēn wǒ lái, wǒ dài nǐmen jiùzuò
저를 따라 오세요, 자리로 안내해 드릴게요.

A : 这个地方真不错。
Zhège dìfāng zhēn búcuò
여기 정말 괜찮은데요.

B : 谢谢，先生。您能喜欢我非常高兴。
Xièxie, xiānshēng. Nín néng xǐhuān wǒ fēicháng gāoxìng
감사합니다. 선생님. 맘에 들어하시니 저도 매우 기쁘네요.

대화 3−2

A : 您想现在点菜吗?
Nín xiǎng xiànzài diǎn cài ma
지금 주문하시겠습니까?

B : 先让我看看菜单。
Xiān ràng wǒ kàn kàn càidān
메뉴를 먼저 좀 볼게요.

B : 来一个红烧茄子，宫保鸡丁，麻婆豆腐，鱼香肉丝，
番茄对虾这样够了。
Lái yíge hóngshāo qiézi, gōng bǎojī dīng, má pó dòufu, yú xiāng ròu sī,
fānqié duìxiā zhèyàng gòule

홍샤오치에즈 한 개, 꽁빠오지딩, 마포또우푸, 위시앙로우쓰,
시앙뚜웨이시아 한 개씩, 이러면 충분할 거 같아요.

B : 不够等一下再点。
Búgòu děng yíxià zài diǎn
부족하면 조금 있다가 더 시킬게요.

A : 好的。喝什么饮料?
Hǎo de. Hē shénme yǐnliào
알겠습니다. 어떤 음료 드시겠어요?

B : 三瓶啤酒和两瓶可乐。
Sānpíng píjiǔ hé liǎng píng kělè
맥주 3병하고 콜라 2병 주세요.

(……)

B : 服务员！我想结账
Fúwùyuán! Wǒ xiǎng jiézhàng
종업원! 계산 좀 해주세요.

A : 请稍候，您要付现金还是要刷卡。
Qǐng shāo hòu, nín yào fù xiànjīn háishì yào shuākǎ
잠시만 기다려주세요, 현금으로 하시나요 아니면 카드 결제신가요?

B : 我要刷卡。
Wǒ yào shuākǎ
카드로 결제할게요.

A : 需要发票吗?
Xūyào fāpiào ma
영수증 필요하신가요?

B: 要。谢谢!
Yào. Xièxie
네, 감사합니다!

4. 买东西mǎidōngxī 쇼핑하기

대화 4-1

A : 先生，您需要什么?
Xiānsheng, nín xūyào shénme
선생님, 무엇이 필요하신가요?

B: 我想买件毛衣。
Wǒ xiǎng mǎi jiàn máoyī
스웨터를 사고 싶어요.

A: 好啊，我们家有各种各样的毛衣，您可以随便挑。
Hǎo a, wǒmen jiā yǒu gè zhǒng gè yàng de máoyī, nín kěyǐ suíbiàn
tiāo
알겠습니다. 저희 가게에는 다양한 스웨터가 있으니, 마음대로 골라
보세요.

A : 您要什么颜色的。多大号?
Nín yào shénme yánsè de. Duōdà hào
무슨색이 필요하신가요? 크기는 몇 호인가요?

B : 我要红色的。中号吧。
　　Wǒ yào hóngsè de. Zhōng hào ba
　　빨간색이 필요해요, 중간사이즈입니다.

A : 您觉得这个怎么样? 最流行的。
　　Nín juédé zhège zěnme yàng? Zuì liúxíng de
　　이건 어떠신가요? 최근 유행하는 거예요.

B : 我要这个吧。要两个。
　　Wǒ yào zhège ba. Yào liǎng gè
　　이거로 할게요. 두 개 주세요.

A : 好。付现金还是刷卡。
　　Hǎo. Fù xiànjīn háishì shuākǎ?
　　알겠습니다. 현금이신가요 카드결제신가요?

B : 刷卡。
　　Shuākǎ
　　카드입니다.

대화 4-2

A : 老板, 你好?
　　Lǎobǎn, nǐ hǎo
　　사장님, 안녕하세요?

A : 那件西装是多少钱 ? 有打折吗?
　　Nà jiàn xīzhuāng shì duōshǎo qián? Yǒu dǎzhé ma
　　저 양복은 얼마인가요? 할인되나요?

B：三千八百打九折的。
Sānqiān bābǎi dǎ jiǔ zhé de
10% 할인해서 3800위안입니다.

A：那么挂在前面那个呢？
Nàme guà zài qiánmiàn nàge ne
그러면 앞에 걸려있는 저거는요?

B：一样的价格。
Yíyàng de jiàgé
같은 가격입니다.

A：我想您能够再打点折。八折怎么样?
Wǒ xiǎng nín nénggòu zài dǎdiǎn zhé. Bā zhé zěnme yang
조금만 더 할인해주세요. 20% 어떤가요?

B：很抱歉！这里不打折。
Hěn bàoqiàn! Zhèlǐ bù dǎzhé
죄송합니다. 저희는 할인을 하지 않습니다.

A：好吧。我买了。但是价格有点高，
免费送我领带怎么样?
Hǎo ba. Wǒ mǎile. Dànshì jiàgé yǒudiǎn gāo, miǎnfèi sòng wǒ
lǐngdài zěnme yang
알겠어요. 사겠어요. 그런데 가격이 조금 비싸요.
넥타이 하나 서비스로 주시면 안될까요?

B：好的。
Hǎo de
좋습니다.

5. 逛街guàngjiē 시내관광

대화 5-1

A : 你好，门票一张多少钱？
Nǐ hǎo, ménpiào yì zhāng duōshǎo qián
안녕하세요, 입장권 한 장에 얼마인가요?

B : 成人一张六十块，儿童半票，五岁以下免费。
Chéngrén yì zhāng liùshí kuài, értóng bànpiào, wǔ suì yǐxià miǎnfèi
성인은 한 장에 60위안이고, 아이는 반 가격이고,
5살 이하는 무료입니다.

A : 好的，要两张成人票。
Hǎo de, yào liǎng zhāng chéngrén piào
알겠어요, 성인표 두 장 주세요.

A : 有没有韩文的介绍？
Yǒu méiyǒu Hánwén de jièshào
한국어로 된 안내는 없나요?

B : 有，等一下讲解员就来。她会带你们去参观。
Yǒu, děng yíxià jiǎngjiě yuán jiù lái. Tā huì dài nǐmen qù cānguān
있습니다, 잠시만 기다리시면 안내원이 올 겁니다.
그녀가 당신들을 데리고 참관시켜 줄 겁니다.

A : 谢谢！还有没有韩国的说明书？
Xièxie! Hái yǒu méiyǒu Hánguó de shuōmíngshū
감사합니다. 그리고 한국어로 된 안내 책자는 있나요?

B : 有，旁边的架上随便拿都可以。
Yǒu, pángbiān de jià shàng suíbiàn ná dōu kěyǐ
있어요. 옆쪽 책꽂이에서 가져가시면 됩니다.

A : 好的，谢谢。
Hǎo de, xièxie
알겠습니다. 감사합니다.

대화 5-2

A : 对不起，请问手表展厅在哪儿?
Duìbuqǐ, qǐngwèn shǒubiǎo zhǎntīng zài nǎr
죄송합니다. 실례지만 시계 전시홀이 어디에 있나요?

B : 往前走到水塔往右拐就可看到。
Wǎng qián zǒu dào shuǐtǎ wǎng yòu guǎi jiù kě kàn dào
앞으로 쭉 가서서, 물탱크(급수탑)에서 오른쪽으로 돌면
바로 보이실 거예요.

A : 谢谢!
Xièxie
감사합니다!

A : 里边可以拍照吗 ?
Lǐbian kěyǐ pāizhào ma
안에서 사진촬영이 가능한가요?

B : 可以。
Kěyǐ
가능합니다.

A : 麻烦你帮我照一张相, 好吗?
Máfan nǐ bāng wǒ zhào yì zhāng xiāng, hǎo ma
실례지만 사진 한 장 부탁드려도 될까요?

B : 没问题。
Méi wèntí
그럼요.

A : 只按一下这儿, 就可以了。
Zhǐ àn yíxià zhèr, jiù kěyǐle
여기를 누르시면 됩니다.

6. 看病kànbìng 병원가기

대화 6-1

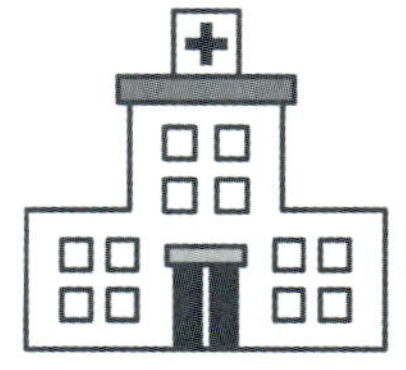

A : 请问挂号处在哪儿?
Qǐngwèn guàhào chù zài nǎr
실례지만 접수처가 어디인가요?

B : 就在大厅里边。
Jiù zài dàtīng lǐmiàn
로비에 있습니다.

A：先生，您要看什么病?
Xiānshēng, nín yào kàn shénme bìng
선생님, 어디를 진찰받으실 건가요?

B：我头疼得厉害，还发烧。
Wǒ tóuténg de lìhài, hái fāshāo
머리가 너무 아프고요, 열도 납니다.

A：那您应该到内科看病，我会帮您安排医生。
Nà nín yīnggāi dào nèikē kànbìng, wǒ huì bāng nín ānpái yīshēng
그러면, 내과진료를 보셔야겠어요,
제가 의사 선생님을 배정해드릴게요.

B：我能用旅行保险吗?
Wǒ néng yòng lǚxíng bǎoxiǎn ma
여행자 보험이 되나요?

A：可以。没问题。请到二楼的内科3号房间等一下。
Kěyǐ. Méi wèntí. Qǐng dào èr lóu de nèikē sān hào fángjiān děng yíxià
가능합니다. 문제없어요. 2층에 내과 3호실로 가서서
잠시만 기다려주세요.

B：谢谢！
Xièxiè
감사합니다.

A : 先生, 您哪儿不舒服?
Xiānshēng, nín nǎr bú shūfu
선생님, 어디가 불편하신가요?

B : 我想吐, 没有食欲。
Wǒ xiǎng tǔ, méiyǒu shíyù
토할 거 같고, 식욕이 없어요.

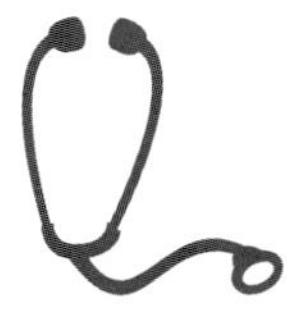

A : 什么时候开始的?
Shénme shíhòu kāishǐ de
언제부터 그랬나요?

B : 从昨天开始的。我感到没劲儿。
Cóng zuótiān kāishǐ de. Wǒ gǎndào méijìnr
어제부터 그랬습니다. 기운도 없어요.

A : 您到这儿躺一下吧!
Nín dào zhèr tǎng yíxià ba
이쪽으로 오셔서 누워보세요!

(······)

B : 我要住院吗?
Wǒ yào zhùyuàn ma
입원해야하나요?

A : 没有那么严重, 你对药物过敏吗?
Méiyǒu nàme yán zhòng, nǐ duì yàowù guòmǐn ma
그렇게 심하지 않으세요, 특정 약물에 과민반응이 있나요?

B : 我对阿斯匹林过敏。

Wǒ duì āsīpǐlín guòmǐn

저는 아스피린에 과민반응이 있어요.

A : 我给你开个药. 回家多喝水. 多休息。

Wǒ gěi nǐ kāi gè yào, huí jiā duō hē shuǐ, duō xiūxí

제가 약을 처방해 드릴테니, 집에 돌아가서서 물을 많이 드시고,

충분히 휴식을 취하세요.

A : 过几天就会好的。

Guò jǐ tiān jiù huì hǎo de

며칠 지나면 좋아질겁니다.

B : 谢谢!

Xièxiè

감사합니다!

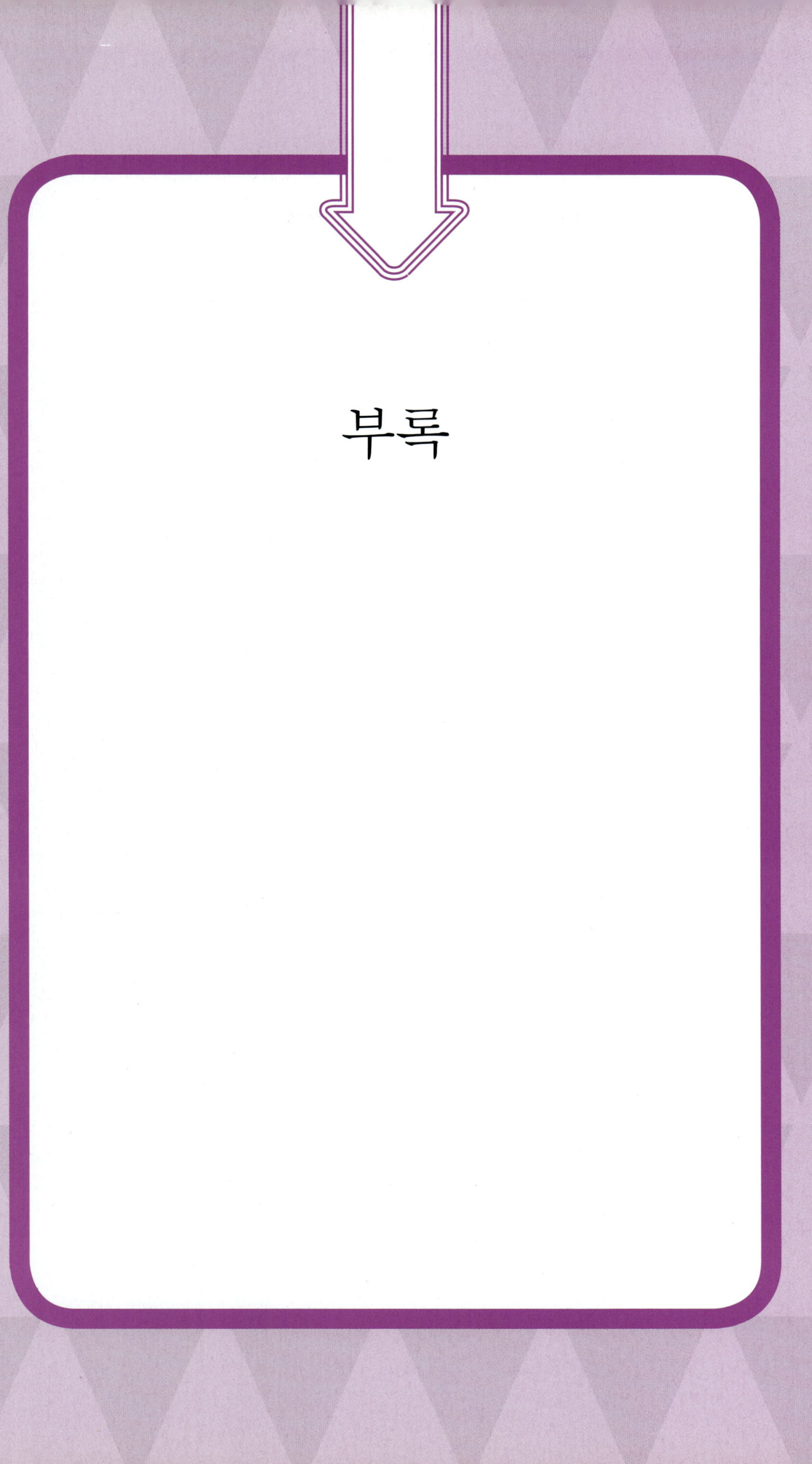

부록

처음 뵙겠습니다.
初次见面。
[Chūcì jiànmiàn]

그들은 처음 만나는 것입니다.
这是他们初次见面。
[Zhè shì tāmen chūcì jiànmiàn]

오래간만입니다.
好久不见。
[Hǎojiǔ bújiàn]

이 선생님, 오래간만입니다.
李先生, 好久不见了!
[Lǐ xiānshēng, hǎojiǔ bújiànle]

다시 만났으면 좋겠어요.
希望能再次见面。
[Xīwàng néng zàicì jiànmiàn]

호랑이도 제 말하면 온다.
说曹操, 曹操就到。
[Shuō cáocāo, cáocāo jiù dào]

별로 좋지 못해.
不怎么好。
[Bù zěn me ǎo]

음식을 많이 먹기는 했지만, 맛은 별로 좋지 못하네요.
我吃了不少东西。但是味道不怎么好。
[Wǒ chī le bù shào dōngxī. Dànshì wèidào bù zěn me hǎo]

오래 기다리셨죠.

让你久等了。

[Ràng nǐ jiǔ děngle]

많이 도와주십시오.

请多多帮忙。

[Qǐng duōduō bāngmáng]

잘하다.

做得好。

[Zuò de hǎo]

잘못하다.

做不好。

[Zuò bù hǎo]

수고했어요.

辛苦你了。

[Xīnkǔ nǐle]

이번에 당신이 수고한 것에 대해서 제가 알고 있어요.

我知道，这次辛苦你了。

[Xīnkǔ nǐle. Wǒ zhīdào, zhè cì xīnkǔ nǐle]

저 대신 안부 전해주세요.

替我问候。

[Tì wǒ wènhòu]

감사합니다. 저 대신 가족분들께 안부 전해주세요.

谢谢你。请替我问候你家人。

[Xièxiè nǐ. Qǐng tì wǒ wènhòu nǐ jiārén]

몸만 오면 돼요.
只要人来就行。
[Zhǐyào rén lái jiùxíng]

낯이 좀 익은데요.
有点面熟。
[Yǒudiǎn miànshú]

이 사람 낯이 매우 익어요,
그런데 어디서 그를 만났었는지 기억이 나질 않아요.
这人很面熟，但是我记不清在哪儿见过他。
[Zhè rén hěn miànshú, dànshì wǒ jì bù qīng zài nǎr jiànguò tā]

저 모르시겠어요?
不认识我了吗?
[Bú rènshí wǒle ma]

당신은 분명 그를 알지 못 할 겁니다.
你肯定不认识他。
[Nǐ kěndìng bú rènshí tā]

뵌 적이 있다(구면이다).
见过面的。
[Jiànguo miàn de]

저랑 구면이세요.
我跟你见过面。
[Wǒ gēn nǐ jiànguo miàn]

호칭을 어떻게 해야 할까요?
怎么称呼您?
[Zěnme chēnghu nín]

제가 호칭을 어떻게 불러드려야 할까요?
我该怎么称呼你。
[Wǒ gāi zěnme chēnghu nǐ]

말씀 많이 들었습니다.
久仰了!
[Jiǔyǎngle]

존함 많이 들었습니다.
久仰大名了。
[Jiǔyǎng dàmíngle]

제가 당신을 알지 못하지만, 존함은 많이 들었습니다.
我不认识你，但已久仰您的大名。
[Wǒ bú rènshí nǐ, dàn yǐ jiǔyǎng nín de dàmíng]

폐를 끼쳐 드렸네요.
给您添麻烦。
[Gěi nín tiān máfan]

폐 끼치고 싶지 않습니다.
不想添麻烦。
[Bùxiǎng tiān máfan]

시간을 너무 빼앗고 싶지 않습니다.
不想占用你太多时间。
[Bùxiǎng zhànyòng nǐ tài duō shíjiān]

그렇게까지 수고하실 것은 없습니다.
不用那么麻烦。
[Búyòng nàme máfan]

도움 주셔서 감사합니다.
谢谢你的帮忙。
[Xièxiè nǐ de bāngmáng]

어떻게 감사를 드려야할지 모르겠습니다.
不知道该怎们谢谢你。
[Bù zhīdào gāi zěnme xièxiè nǐ]

괜찮습니다.
别客气。
[Bié kèqì]

모두 친한 사람인데, 어려워하지 마세요.
都是自己人，你别客气了。
[Dōu shì zìjǐ rén, nǐ bié kèqìle]

경의를 표하다.
表示敬意。
[Biǎoshì jìngyì]

모든 사람들이 그들에게 경의를 표합니다.
所有的人都向他们表示敬意。
[Suǒyǒu de rén dōu xiàng tāmen biǎoshì jìngyì]

과찬이십니다.
过奖了。
[Guòjiǎngle]

천만에요, 과찬이십니다.
哪里，哪里，您过奖了。
[Nǎlǐ, nǎlǐ, nín guòjiǎngle]

행운을 빕니다.
祝你好运。
[Zhù nǐ hǎo yùn]

정말 행운입니다.
真幸运！
[Zhēn xìngyùn]

운이 좋다.
运气好。
[Yùnqì hǎo]

정말 재수가 없다.
真倒霉！
[Zhēn dǎoméi]

조의를 표하다.
表示哀吊。
[Biǎoshì āidào]

이 식당에서 잘하는 음식이 뭡니까?
这个餐厅有什么特色菜。
[Zhège cāntīng yǒu shénme tèsè cài]

맛있는 것으로 추천해 주세요.
推荐好吃的。
[Tuījiàn hào chī de]

요리를 주문하다.

点菜。

[Diǎn cài]

당신이 주문을 하세요, 제가 계산을 하겠습니다.

你点菜，我来买单。

[Nǐ diǎn cài, wǒ lái mǎidān]

조금 있다가 더 주문하다.

等一会儿再点。

[Děng yíhuìr zài diǎn]

다른 일행이 있습니다.

还有人来。

[Hái yǒurén lái]

뭘 드릴까요?

来点什么？

[Lái diǎn shénme]

같은 것으로 주세요.

来一样的。

[Lái yíyàng de]

좀 달게 해주세요.

甜一点。

[Tián yìdiǎn]

크림을 많이 넣어주세요.

多放奶油。

[Duō fàng nǎiyóu]

맛이 아주 좋습니다.
味道很好。
[Wèidào hěn hǎo]

아주 맛있습니다.
很好吃。
[Hěn hào chī]

이 사과는 매우 맛있습니다.
这个苹果很好吃。
[Zhège píngguǒ hěn hào chī]

군침이 돌다.
流口水。
[Liú kǒushuǐ]

주방에서 나는 냄새에 군침이 도네요.
从厨房传来的气味让我流口水。
[Cóng chúfáng chuán lái de qìwèi ràng wǒliú kǒushuǐ]

한 모금 마시다.
喝一口。
[Hē yìkǒu]

제가 당신의 물을 한 모금 마셔도 괜찮겠습니까?
请让我喝一口你的水好吗?
[Qǐng ràng wǒ hē yìkǒu nǐ de shuǐ hǎo ma]

한 입 먹다.
吃一口。
[Chī yìkǒu]

제가 당신의 볶음밥을 한 입 먹어봐도 될까요?
让我吃一口你的抄饭，好吗？
[Ràng wǒ chī yìkǒu nǐ de chǎofàn, hǎo ma]

좀 데워주세요.
加热一下。
[Jiārè yíxià]

죄송한데요, 커피를 좀 데워주세요.
麻烦您帮我把咖啡加热一下。
[Máfan nín bāng wǒ bǎ kāfēi jiārè yíxià]

(사서)가져가다.
带走。
[Dài zǒu]

저 이거 포장해가고 싶어요.
我要把它带走。
[Wǒ yào bǎ tā dài zǒu]

여기서 먹다.
在这边吃。
[Zài zhè biān chī]

싸가지고 가지 않고, 여기서 먹을거예요.
不带走，在这边吃的。
[Bú dài zǒu, zài zhè biān chī de]

남은 것은 포장해 주세요.
剩下的，请打包。
[Shèng xià de, qǐng dǎbāo]

배고파 죽겠다.

饿死了。

[Èsǐle]

저녁밥으로 무엇을 먹나요? 저 배고파 죽겠어요.

晚饭吃什么? 我饿死了。

[Wǎnfàn chī shénme? Wǒ èsǐle]

배불리 먹었습니다.

吃饱了。

[Chī bǎole]

더는 못 먹겠어요, 이미 배가 불러요.

我再也吃不下了，我已吃饱了。

[Wǒ zài yě chī bùxiàle, wǒ yǐ chī bǎole]

과식하다.

过饱。

[Guò bǎo]

항상 과식을 하는 건 건강에 해롭습니다.

总是吃得过饱不利于健康。

[Zǒng shì chī deguò bǎo bú lìyú jiànkāng]

많이 마셨다.

喝多了。

[Hē duōle]

이런 술은 너무 많이 마시지 마세요, 많이 마시면 취해요.

这种酒别太多, 喝多了就醉了。

[Zhè zhǒng jiǔ bié tài duō, hē duōle jiù zuìle]

입맛이 없다.
没胃口。
[Méi wèikǒu]

입맛이 없어서, 오늘 아침도 먹지 않았어요.
我没胃口，今天早餐都不吃了。
[Wǒ méi wèikǒu, jīntiān zǎocān dōu bù chīle]

군것질
零食
[Língshí]

우리는 편의점에 가서 약간의 군것질거리와 음료를 사왔습니다.
我们到便利店买了些零食和饮料。
[Wǒmen dào biànlì diàn mǎile xiē língshí hé yǐnliào]

야식
宵夜
[Xiāo yè]

우리는 종종 친구와 밤참(야식)을 먹으러 가요.
我们经常跟朋友去吃宵夜。
[Wǒmen jīngcháng gēn péngyou qù chī xiāo yè]

다 먹었다.
吃光了。
[Chī guāngle]

집안에 음식을 저희 남편이 모두 다 먹어 버렸어요.
家里吃的都被我先生吃光了。
[Jiālǐ chī de dōu bèi wǒ xiānshēng chī guāngle]

적게 먹어라.
少吃。
[Shǎo chī]

가공 식품을 적게 먹는 것이 가장 좋습니다.
最好少吃精加工食品。
[Zuì hǎo shǎo chī jīng jiāgōng shípǐn]

우리를 위해 건배 !
为我们干杯！
[Wèi wǒmen gānbēi]

원샷 !
一口干!
[Yìkǒu gān]

우리는 즐겁게 원샷으로 잔을 비웠습니다.
我们高兴得一口干了酒杯里的酒。
[Wǒmen gāoxìng de yìkǒu gān le jiǔbēi lǐ de jiǔ]

한잔 할래요?
喝一杯吗？
[Hē yìbēi ma]

한잔 더 하시겠어요?
再来一杯吗？
[Zàilái yìbēi ma]

좀 더 들겠어요?
再吃点儿吗？
[Zài chī diǎnr ma]

장소를 바꾸다.
换个地方。
[Huàngè dìfāng]

이미 취했다.
已经醉了。
[Yǐjīng zuìle]

술이 취하다.
喝醉了。
[Hē zuìle]

만약 제가 취하면, 저를 집까지 데려다 주세요.
如果我喝醉了，请您把我送回家。
[Rúguǒ wǒ hē zuìle, qǐng nín bǎ wǒ sòng huí jiā]

술을 못 이기다.
不胜酒力。
[Búshèng jiǔlì]

그는 술을 이기지 못하고, 결국 취해서 쓰러졌습니다.
他不胜酒力，终于醉倒了。
[Tā búshèng jiǔlì, zhōngyú zuì dàole]

술 한 방울 입에 대지 않다.
滴酒不沾。
[Dī jiǔ bù zhān]

그는 결코 술 한 방울 입에 대지 않습니다.
他绝对滴酒不沾。
[Tā juéduì dī jiǔ bù zhān]

술 끊었다.
戒酒了。
[Jiè jiǔle]

저는 술 끊은 지 몇 년이 되었지만, 현재 다시 마시기 시작했습니다.
我已戒酒多年，但现在又开始喝了。
[Wǒ yǐ jiè jiǔ duōnián, dàn xiànzài yòu kāishǐ hēle]

옷을 입다.
穿衣服。
[Chuān yīfu]

저의 남편은 원래 옷을 잘 입지 못합니다.
我的先生根本不会穿衣服。
[Wǒ de xiānshēng gēnběn bú huì chuān yīfu]

안경을 쓰다.
戴眼镜。
[Dài yǎnjìng]

저는 책을 볼 때는 안경을 씁니다.
我看书的时候就戴眼睛。
[Wǒ kànshū de shíhòu jiù dài yǎnjīng]

귀걸이를 차다.
带耳环。
[Dài ěrhuán]

그녀는 외출할 때, 귀걸이를 하는 것을 좋아해요.
她出去的时候，喜欢带着耳环。
[Tā chūqù de shíhòu, xǐhuān dàizhe ěrhuán]

옷을 한번 입어보시죠.
穿上试试。
[Chuān shàng shì shì]

향수를 뿌리다.
喷香水。
[Pèn xiāngshuǐ]

당신이 뿌린 향수는 무엇인가요?
你喷的是什么香水。
[Nǐ pēn de shì shénme xiāngshuǐ]

옷을 벗다.
脱衣服。
[Tuō yīfu]

제 아이는 종종 옷을 벗지 않고 바로 침대에 누워서 잠이 들어 버려요.
我的孩子经常不脱衣服就倒在床上睡了。
[Wǒ de háizi jīngcháng bù tuō yīfu jiù dào zài chuángshàng shuìle]

신발을 벗다.
脱鞋。
[Tuō xié]

신발을 벗고 방에 들어가는 것은 한국인의 습관입니다.
脱鞋进屋是韩国人的习惯。
[Tuō xié jìn wū shì Hánguó rén de xíguàn]

옷을 갈아입다.
换衣服。
[Huàn yīfu]

나라는 사람은 누구를 만나든 옷을 갈아입어.

我这个人看见谁就换衣服。

[Wǒ zhège rén kànjiàn shuí jiù huàn yīfu]

세탁하다.

洗衣服。

[Xǐ yīfu]

나는 종종 아내를 도와 세탁을 합니다.

我常常帮太太洗衣服。

[Wǒ chángcháng bāng tàitai xǐ yīfu]

드라이클리닝하다.

干洗。

[Gānxǐ]

세탁소에 가져가서 드라이클리닝 할 옷이 세 벌 있어요.

我有三套衣服要送到洗衣店去干洗。

[Wǒ yǒusān tào yīfu yào sòng dào xǐyī diàn qù gānxǐ]

탈색되다.

掉色。

[Diàosè]

이 옷은 세탁시 탈색될 수 있으니, 주의해주세요.

这件衣服洗衣时会掉色，请留意。

[Zhè jiàn yīfu xǐyī shí huì diàosè, qǐng liúyì]

넥타이를 매다.

戴领带。

[Dài lǐngdài]

저는 출근할 때, 반드시 넥타이를 매야 합니다.
我上班的时候都必须带领带。
[Wǒ shàngbān de shíhòu dōu bìxū dài lǐngdài]

요즘 유행이다.
最近流行。
[Zuìjìn liúxíng]

중국의 젊은이들은 요즘 유행하는 한국 가요를 듣는 것을 좋아합니다.
中国年轻人喜欢听最进流行的韩国歌。
[Zhōngguó niánqīng rén xǐhuān tīng zuìjìn liúxíng de Hánguó gē]

머리를 깎다.
剪头发。
[Jiǎn tóufa]

저 머리 좀 잘라주세요.
请帮我剪头发。
[Qǐng bāng wǒ jiǎn tóufa]

(머리를) 살짝 손질하다.
稍微修理一下。
[Shāowéi xiūlǐ yíxià]

앞가림하다.
照顾自己。
[Zhàogù zìjǐ]

우리의 아이는 이미 다 컸어요, 자기의 일은 자기가 다 알아서 해요.
我们的孩子已经长大了，都自己会照顾自己了。
[Wǒmen de háizi yǐjīng zhǎng dàle, dōu zìjǐ huì zhàogù zìjǐle]

눈물을 닦아내다.

擦眼泪。

[Cā yǎnlèi]

그녀는 손수건으로 눈물을 닦습니다.

她用手帕擦干了眼泪。

[Tā yòng shǒupà cā gān le yǎnlèi]

구두를 닦다.

擦鞋。

[Cā xié]

저의 아내는 매일 아침 저를 위해서 구두를 닦아줍니다.

我太太每天早上为我擦擦鞋。

[Wǒ tàitai měitiān zǎoshang wèi wǒ cā cā xié]

방을 치우다(정리하다).

收拾房间。

[Shōushí fángjiān]

그가 와서 저를 도와 방 청소를 합니다.

他来帮助我收拾房间。

[Tā lái bāngzhù wǒ shōushí fángjiān]

쓰레기를 버리다.

倒垃圾。

[Dào lājī]

매주 화요일마다 저는 아침에 쓰레기를 버리러 갑니다.

每周二我早上去倒垃圾。

[Měi zhōu'èr wǒ zǎoshang qù dào lājī]

일회용
一次性
[Yícì xìng]

저는 이제까지 한 번도 일회용 면도기를 쓰지 않았어요.
我从来不使用一次性剃须刀。
[Wǒ cónglái bù shǐyòng yícì xìng tì xū dāo]

깔끔하다(깨끗하다).
干净。
[Gānjìng]

제 아내는 매일 집을 깨끗하게 바닥 청소합니다.
我太太每天拿扫地把屋里清扫干净。
[Wǒ tàitai měitiān ná sǎodì bǎ wū li qīngsǎo gānjìng]

엉망진창이다.
乱七八糟。
[Luànqībāzāo]

저는 일생 동안 이렇게 엉망진창인 장면을 본 적이 없습니다.
我一辈子都没见过这么乱七八糟的场面。
[Wǒ yíbèizi dōu méi jiànguò zhème luànqībāzāo de chǎngmiàn]

목욕하다.
洗澡。
[Xǐzǎo]

저는 이미 며칠 동안 목욕을 안 했어요.
我已经有好些天没洗澡了。
[Wǒ yǐjīng yǒu hǎoxiē tiān méi xǐzǎole]

이사하다.

搬家。

[Bānjiā]

저의 가족은 북경에 살고 있는데, 그들은 이사할 생각이 없어요.

我家人住在北京，他们不打算搬家。

[Wǒjiā rén zhù zài Běijīng, tāmen bù dǎsuàn bānjiā]

정착하다.

定居。

[Dìngjū]

그녀는 한국인에게 시집을 갔지만, 결코 그 쪽에서 정착하지 않았습니다.

她嫁给了一位韩国人，并在那边定居了。

[Tā jià gěi le yí wèi Hánguó rén, bìng zài nà biān dìngjūle]

하숙하다.

寄宿。

[Jìsù]

매우 많은 중국 유학생들은 학교 부근의 하숙집에 거주합니다.

很多中国留学生住在寄宿学校附近。

[Hěnduō Zhōngguó liúxuéshēng zhù zài jìsù xuéxiào fùjìn]

갑자기 불이 나다.

突然失火。

[Túrán shīhuǒ]

갑자기 불이나면, 재빠르게 소방서에 전화해야 합니다.

突然失火时，尽快要打消防队。

[Túrán shīhuǒ shí, jǐnkuài yào dǎ xiāofáng duì]

불을 *끄다*.
灭火。
[Mièhuǒ]

사람들이 사방팔방에서 방에 물을 뿌려서 불을 *끄는*데 도움이 되었다.
人们从四面八方冲着火的房屋，去帮助灭火。
[Rénmen cóng sìmiànbāfāng chōng zháohuǒ de fángwū, qù bāngzhù mièhuǒ]

이상이 있다.
有问题。
[Yǒu wèntí]

만약 무슨 문제가 있으면, 언제든 나를 찾아오세요
如果有什么问题，随时来找我。
[Rúguǒ yǒu shénme wèntí, suíshí lái zhǎo wǒ]

전구가 나가다.
灯泡坏了。
[Dēngpào huàile]

우리집의 화장실 전구가 나갔어요, 오셔서 수리 좀 해주세요.
我们家洗手间的灯泡坏了，请您来帮我修一下。
[Wǒmen jiā xǐshǒujiān de dēngpào huàile, qǐng nín lái bāng wǒ xiū yíxià]

흠이 있다.
有缺陷。
[Yǒu quēxiàn]

오늘 산 냉장고가 흠이 있어요, 환불 가능한가요?
今天买的冰箱有缺陷，能不能退款。
[Jīntiān mǎi de bīngxiāng yǒu quēxiàn, néng bùnéng tuì kuǎn]

튼튼하다.
耐用。
[Nàiyòng]

이것은 가격이 비싸지 않지만, 매우 튼튼합니다.
这个花不了多少钱，却非常耐用。
[Zhège huā bù liǎo duōshǎo qián, què fēicháng nàiyòng]

하수구가 막혔다.
下水道堵了。
[Xiàshuǐdào dǔle]

저희집 하수구가 막힌 지 벌써 3일이나 되었어요.
我们家的下水道已经堵了三天。
[Wǒmen jiā de xiàshuǐdào yǐjīng dǔle sān tiān]

물이 새다.
漏水。
[Lòushuǐ]

그 수도꼭지는 물이 심하게 새요.
那个水龙头漏税严重。
[Nàgè shuǐlóngtóu lòushuì yánzhòng]

수도꼭지를 틀다(잠그다).
开(关)水龙头。
[Kāi (guān) shuǐlóngtóu]

저는 수도꼭지를 돌려서 트는 것을 잊어버렸어요.
我忘记拧开水龙头了。
[Wǒ wàngjì níng kāi shuǐlóngtóule]

가스를 켜다(잠그다).
开(关)煤气。
[Kāi (guān) méiqì]

당신은 어떤 일이 있어도 가스를 잠그지 않은 채 외출을 하면 안 됩니다.
你无论如何不可让煤气开着，自己出门。
[Nǐ wúlùn rúhé bùkě ràng méiqì kāizhe, zìjǐ chūmén]

몸이 정상이 아니다.
身体不舒服。
[Shēntǐ bù shūfu]

몸이 안 좋다.
身体不好。
[Shēntǐ bù hǎo]

병에 걸리다.
生病。
[Shēngbìng]

무슨 일 있으신건 아니죠? 얼굴빛이 너무 안 좋아보여요, 아픈건가요?
你没事吧? 你的脸色很难看，生病了吗?
[Nǐ méishì ba? Nǐ de liǎnsè hěn nánkàn, shēngbìngle ma]

감기에 걸리다.
得感冒。
[Dé gǎnmào]

저는 아무래도 감기에 걸린 것 같아요, 아침에 일어나니 머리가 아파요.
我好像得了感冒，早上起来有些头疼。
[Wǒ hǎoxiàng déle gǎnmào, zǎoshang qǐlái yǒuxiē tóuténg]

머리가 아프다(두통).
头疼。
[Tóuténg]

저는 오늘 아침에는 두통이 있었지만, 지금은 괜찮아요.
我今天早上头疼，但现在好了。
[Wǒ jīntiān zǎoshang tóuténg, dàn xiànzài hǎole]

배가 아프다(복통).
肚子疼。
[Dùzi téng]

저 배가 너무 심하게 아파요.
我肚子疼得厉害。
[Wǒ dùzi téng de lìhài]

속이 불편하다.
胃难受。
[Wèi nánshòu]

맞아요, 저는 속이 매우 불편해요.
是的，我的胃很难受。
[Shì de, wǒ de wèi hěn nánshòu]

목이 쉬다.
嗓子哑。
[Sǎngzi yǎ]

감기 때문에, 목이 쉬어버렸어요.
由于感冒，我的嗓子哑了。
[Yóuyú gǎnmào, wǒ de sǎngzi yǎle]

목이 아프다.
嗓子疼。
[Sǎngzi téng]

요 며칠 목이 아파요.
这几天我嗓子疼。
[Zhè jǐ tiān wǒ sǎngzi téng]

매스껍다.
恶心。
[Ěxīn]

음식을 생각하니 속이 매쓰꺼워요.
一想到食物我就恶心。
[Yì xiǎngdào shíwù wǒ jiù ěxīn]

빨리 건강이 회복되시길 바랍니다.
祝你早日康复。
[Zhù nǐ zǎorì kāngfù]

(병이)많이 좋아졌다(나아졌다).
好多了。
[Hǎoduōle]

감기가 지금은 많이 좋아졌어요.
感冒现在好多了。
[Gǎnmào xiànzài hǎoduōle]

피곤해서 죽겠다.
累死。
[Lèi sǐ]

이 일은 정말로 나를 피곤하게 하네요.
这项工作真把我累死了。
[Zhè xiàng gōngzuò zhēn bǎ wǒ lèi sǐle]

깁스를 하다.
打石膏。
[Dǎ shígāo]

만약에 제 다리가 부러져서, 깁스를 하면 얼마 후에 좋아지나요?
如果我的腿骨折了，打石膏多久会好。
[Rúguǒ wǒ de tuǐ gǔzhéle, dǎ shígāo duōjiǔ huì hǎo]

붓다.
肿了。
[Zhǒngle]

모기가 나를 물어서, 내 손바닥이 부어오르기 시작했다.
蚊子叮了我，我的手臂肿起来了。
[Wénzi dīngle wǒ, wǒ de shǒubì zhǒng qǐláile]

토하고 싶다.
想吐。
[Xiǎng tǔ]

무엇이든 먹으면 토하고 싶어져요.
我吃什么都想吐。
[Wǒ chī shénme dōu xiǎng tǔ]

가래가 나온다.
有痰。
[Yǒu tán]

목에 가래가 끼고, 게다가 호흡이 힘들어요.

我喉咙有痰而且呼吸困难。
[Wǒ hóulóng yǒu tán érqiě hūxī kùnnán]

가래를 뱉다.

吐痰。
[Tǔ tán]

가래를 뱉는 것은 좋지 않은 행동입니다.

吐痰是不好的行为。
[Tǔ tán shì bù hǎo de xíngwéi]

기침하다.

咳嗽。
[Késòu]

저는 콧물이 나고, 눈물도 나고, 기침도 약간씩 해요.

我流鼻涕，流眼泪，还有点咳嗽。
[Wǒ liú bítì, liú yǎnlèi, hái yǒudiǎn késòu]

열이 나다.

发烧。
[Fāshāo]

저는 어제 저녁부터 열이 나기 시작했어요.

我昨天晚上开始发烧了。
[Wǒ zuótiān wǎnshàng kāishǐ fāshāole]

신체검사하다.

检查身体。
[Jiǎnchá shēntǐ]

저는 1년에 한 번씩 신체검사를 합니다.
我一年做一次身体检查。
[Wǒ yì nián zuò yícì shēntǐ jiǎnchá]

수술하다.
作手术。
[Zuò shǒushù]

저는 젊은 의사 선생님이 저를 수술하는 것에 동의합니다.
我同意让一位年轻医生为我作手术。
[Wǒ tóngyì ràng yí wèi niánqīng yīshēng wèi wǒ zuò shǒushù]

입원하다.
住院。
[Zhùyuàn]

월요일에 저는 입원해서 수술을 합니다.
星期一我要住院动手术。
[Xīngqí yī wǒ yào zhùyuàn dòng shǒushù]

퇴원하다.
出院。
[Chūyuàn]

퇴원한 지 겨우 일주일이 되었는데 또 입원을 했습니다.
我出院仅一个星期就又住院了。
[Wǒ chūyuàn jǐn yíge xīngqī jiù yòu zhùyuànle]

응급실로 보내다.
送到急救室。
[Sòng dào jíjiù shì]

눈이 나쁘다.

眼睛不好。

[Yǎnjīng bù hǎo]

오늘 눈이 조금 안 좋아요.

今天眼睛有点不好。

[Jīntiān yǎnjīng yǒudiǎn bù hǎo]

콘택트렌즈를 끼다.

戴隐形眼睛。

[Dài yǐnxíng yǎnjìng]

예전에는 종종 안경을 쓰곤 했는데, 요즘은 콘택트렌즈를 낍니다.

过去我常戴眼镜，但现在我戴隐形的。

[Guòqù wǒ cháng dài yǎnjìng, dàn xiànzài wǒ dài yǐnxíng de]

이를 뽑다.

拔牙。

[Báyá]

의사 선생님이 저의 이를 뽑기 전에, 저에게 국부마취를 하였습니다.

医生在给我拔牙前，对我进行了局部麻醉。

[Yīshēng zài gěi wǒ báyá qián, duì wǒ jìn xíng liǎo júbù mázuì]

이가 썩다.

牙坏。

[Yá huài]

저는 병원에 가서 썩은 이를 뽑고 싶습니다.

我想到医院把坏牙拔。

[Wǒ xiǎngdào yīyuàn bǎ huài yá bá]

이를 씌우다.
镶牙。
[Xiāngyá]

저는 내일 병원에 가서 몇 개의 치아를 새로운 치아로 넣고 싶습니다.
我想明天去找牙医为我镶几颗新牙。
[Wǒ xiǎng míngtiān qù zhǎo yáyī wèi wǒ xiāng jǐ kē xīn yá]

이가 아프다.
牙疼。
[Yá téng]

치통으로 인해 아래턱이 너무나 아픕니다.
牙疼使我的下巴难受极了。
[Yá téng shǐ wǒ de xiàbā nánshòu jíle]

스케일링을 하다.
洗牙。
[Xǐ yá]

저는 스케일링을 하러 왔습니다.
我是来洗牙。
[Wǒ shì lái xǐ yá]

코가 막히다.
鼻塞。
[Bísè]

저는 목도 아프고 코도 막혔어요.
我嗓子疼痛而且鼻塞。
[Wǒ sǎngzi téngtòng érqiě bísè]

숨을 좀 돌리다.
喘喘气。
[Chuǎn chuan qì]

우리들은 반나절 동안 바빴으니까, 숨을 좀 돌려야해요.
咱们忙了半天，也该喘喘气了。
[Zánmen mángle bàntiān, yě gāi chuǎn chuanqìle]

재채기하다.
打喷嚏。
[Dǎ pēntì]

저는 오전내내 재채기를 합니다.
我一上午直打喷嚏。
[Wǒ yí shàngwǔ zhí dǎ pēntì]

가렵다.
过敏。
[Guòmǐn]

저는 딸기 알레르기가 있어요.
我对草莓过敏。
[Wǒ duì cǎoméi guòmǐn]

기절하다.
晕过去。
[Yūn guòqù]

저는 기절할지도 모른다는 생각이 들어요.
我想我会晕过去。
[Wǒ xiǎng wǒ huì yūn guòqù]

정신이 들다.
醒过来。
[Xǐng guòlái]

그는 지금 정신이 돌아오기 시작했어요.
他现在快要醒过来。
[Tā xiànzài kuàiyào xǐng guòlái]

긴장을 풀다.
放松。
[Fàngsōng]

저는 줄곧 잠깐 동안이라도 긴장을 풀고 싶었는데, 그럴 기회가 없었어요.
我一直想放松一段时间，可就是没这个命。
[Wǒ yìzhí xiǎng fàngsōng yíduàn shíjiān, kě jiùshì méi zhège mìng]

스트레스가 많다.
压力大。
[Yālì dà]

저도 단순히 제 업무가 스트레스만 많다는 것을 알고 있어요.
我知道不仅仅是我的工作压力大。
[Wǒ zhīdào bùjǐn jǐn shì wǒ de gōngzuò yālì dà]

잠이 오지 않는다.
睡不着。
[Shuì bùzháo]

저는 그녀가 계속 걱정이 되어서, 며칠 동안 밤에 잠이 오지 않았어요.
我好几个晚上都睡不着，一直担心她。
[Wǒ hǎojǐ gè wǎnshàng dōu shuì bùzháo, yìzhí dānxīn tā]

꾸벅꾸벅 졸다.
打瞌睡。
[Dǎ kēshuì]

저는 종종 햇살 좋은 발코니에서 꾸벅꾸벅 졸아요.
我经常在阳台的阳光下打瞌睡。
[Wǒ jīngcháng zài yángtái de yángguāng xià dǎ kēshuì]

잠을 푹 자다.
睡得很好。
[Shuì de hěn hǎo]

비록 심하게 싸웠지만, 저는 잠을 푹 잤어요.
尽管吵得很, 我睡得很好。
[Jǐnguǎn chǎo de hěn, wǒ shuì de hěn hǎo]

한숨도 못 자다.
一点儿也没睡。
[Yìdiǎnr yě méi shuì]

너무나 시끄러워서, 지난밤에 우리는 한숨도 못 잤습니다.
因为太吵, 昨晚我们一点儿也没睡。
[Yīnwèi tài chǎo, zuó wǎn wǒmen yìdiǎnr yě méi shuì]

밤을 새다.
熬夜。
[Áoyè]

저는 저의 아내가 밤새도록 저를 기다렸으면 좋겠어요.
我希望我的太太熬夜等我。
[Wǒ xīwàng wǒ de tàitai áoyè děng wǒ]

잠을 깨우다.

叫醒。

[Jiào xǐng]

죄송한데요, 내일 오전 6시 반에 저를 깨워주실 수 있나요?

麻烦您帮我明天早上六点半叫醒，好吗？

[Máfan nín bāng wǒ míngtiān zǎoshang liù diǎn bàn jiào xǐng, hǎo ma]

늦잠을 자다.

睡懒觉。

[Shuìlǎnjiào]

저는 토요일은 모두 늦잠을 잡니다.

我星期六都会睡懒觉。

[Wǒ xīngqíliù dōuhuì shuìlǎnjiào]

소변

小便

[Xiǎobiàn]

소변은 급하면 참을 수가 없어요.

小便急得憋不住了。

[Xiǎobiàn jí de biē bú zhùle]

대변

大便

[Dàbiàn]

저는 배가 너무 아파서, 화장실에 가서 큰 볼일을 보고 싶어요.

我肚子痛，要上厕所大便。

[Wǒ dùzi tòng, yào shàng cèsuǒ dàbiàn]

설사하다.
拉肚子。
[Lādùzi]

저 설사해요. 어젯밤에 먹은 음식이 신선하지 않았던건 아닌지 의심이 되네요.
我拉肚子, 我怀疑是否昨天吃了不新鲜的东西。
[Wǒ lādùzi, wǒ huáiyí shìfǒu zuótiān chī le bù xīnxiān de dōngxī]

변비에 걸리다.
便秘。
[Biànmì]

임신을 하다.
怀孕。
[Huáiyùn]

제 아내는 임신 기간 동안 몸무게가 대략 25kg이나 증가했어요.
我太太怀孕期间体重增加了大约25公斤。
[Wǒ tàitai huáiyùn qíjiān tǐzhòng zēngjiāle dàyuē 25 gōngjin]

출산하다(아이를낳다).
生孩子。
[Shēng háizi]

저의 아내는 30살 이전에 2명의 아이를 낳았어요.
我太太三十岁之前生了两个女儿。
[Wǒ tàitai sānshí suì zhīqián shēngle liǎng ge nǚ'ér]

유산하다.
流产。
[Liúchǎn]

제 아내는 자연유산을 한 적이 한 번 있어요.
我太太经历了一次自然流产。
[Wǒ tàitai jīnglìle yícì zìrán liúchǎn]

모유를 먹이다(모유수유).
喂奶。
[Wèinǎi]

일부 여성들은 공공장소에서 아이들에게 모유를 먹입니다.
有些女人在公共场所为孩子喂奶。
[Yǒuxiē nǔrén zài gōnggòng chǎngsuǒ wéi háizi wèinǎi]

젖을 떼다.
断奶。
[Duànnǎi]

언제쯤 저희 아이들에게 젖을 떼는 게 좋을까요?
什么时候开始给我的孩子断奶最好？
[Shénme shíhòu kāishǐ gěi wǒ de háizi duànnǎi zuì hǎo]

예방접종을 하다.
打预防针。
[Dǎ yùfáng zhēn]

어린 아이들 예방접종은 무료 아닌가요?
小孩子打预防针是不是应该免费的？
[Xiǎo háizi dǎ yùfáng zhēn shì bùshì yīnggāi miǎnfèi de]

(머리를)끄덕이다.
点头。
[Diǎntóu]

她点了点头说 "我明白了。"
[Tā diǎnle diǎntóu shuō "Wǒ míngbáile"]

박수를 치다.
鼓掌。
[Gǔzhǎng]

내가 막 들어섰을 때, 그들은 모두 일어서서 박수를 쳤다.
当我走进去时，他们全都起立鼓掌。
[Dāng wǒ zǒu jìnqù shí, tāmen quándōu qǐlì gǔzhǎng]

앉으십시오.
请坐。
[Qǐng zuò]

서있는게 편합니다.
站惯了。
[Zhàn guànle]

발을 밟다.
踩脚。
[Cǎi jiǎo]

제가 발을 밟았네요, 죄송해요.
我踩了你的脚, 对不起。
[Wǒ cǎile nǐ de jiǎo, duìbuqǐ]

넘어지다.
摔倒。
[Shuāi dǎo]

저는 부주의하다가 길에서 넘어졌어요.
我不小心摔倒在地。
[Wǒ bù xiǎoxīn shuāi dǎo zài dì]

습관이 되다.
习惯。
[Xíguàn]

고수(향채)를 먹는 것은 이미 습관이 되었어요.
吃香菜已经习惯了。
[Chī xiāngcài yǐjīng xíguànle]

마음대로 먹다.
随便吃。
[Suíbiàn chī]

좋아하는 음식을 마음껏 드세요.
你喜欢什么, 请随便吃。
[Nǐ xǐhuān shénme, qǐng suíbiàn chī]

주저하지말고 말씀하세요.
尽管说。
[Jǐnguǎn shuō]

어떤 물건이라도 필요하시면 주저하지 말고 말씀하세요.
要什么东西尽管说。
[Yào shénme dōngxī jǐnguǎn shuō]

조심하세요.
小心点儿。
[Xiǎoxīn diǎnr]

교차로를 지나면 길이 좁아지니까, 조심하세요.
过了十字路口以后路就变窄了,要小心点儿。
[Guòle shízìlù kǒu yǐhòu lù jiù biàn zhǎile, yào xiǎoxīn diǎnr]

저를 좀 도와주세요.
帮我一下。
[Bāng wǒ yíxià]

저를 좀 도와주실 수 있나요?
你帮我一下忙好吗?
[Nǐ bāng wǒ yíxià máng hǎo ma]

쓸모가 있다.
有用。
[Yǒuyòng]

그녀가 그곳에 있으니 정말 쓸모가 있어, 차로 어디든지 그를 데리고 다닐 수가 있어요.
有她在那儿还是挺有用的，能开车带他到处跑。
[Yǒu tā zài nàr háishì tǐng yǒuyòng de, néng kāichē dài tā dàochù pǎo]

저에게 맡겨주세요.
交给我。
[Jiāo gěi wǒ]

저에게 맡겨주세요, 제가 책임질게요.
交给我吧,我会负责的。
[Jiāo gěi wǒ ba, wǒ huì fùzé de]

(장소를) 떠나다.

离开。

[Líkāi]

저는 바로 떠나서 집으로 왔어요.

我立刻离开，回到我家。

[Wǒ lìkè líkāi, huí dào wǒjiā]

모시고(함께) 가다.

陪你去。

[Péi nǐ qù]

잠시만 기다려주세요, 제가 당신을 모시고 저희 매니저를 만나러 갈게요.

等一会儿，我陪你去见我们的经理。

[Děng yíhuìr, wǒ péi nǐ qù jiàn wǒmen de jīnglǐ]

배웅해드리다.

我送你。

[Wǒ sòng nǐ]

제가 집까지 배웅해 드릴게요.

我送你回家。

[Wǒ sòng nǐ huí jiā]

좀 지나가겠습니다.

过一下。

[Guò yíxià]

길 좀 비켜주세요.

请让一下。

[Qǐng ràng yíxià]

어디까지 말했더라.
说到哪儿了。
[Shuō dào nǎr le]

어디든지 다 있다.
到处都有。
[Dàochù dōu yǒu]

뭐든지 다 있다.
什么都有。
[Shénme dōu yǒu]

허풍을 떨다.
别吹牛。
[Bié chuīniú]

그의 말은 듣지마요, 그는 허풍 떠는 거 좋아해요.
别听他的，他喜欢吹牛。
[Bié tīng tā de, tā xǐhuān chuīniú]

허튼 소리를 지껄이다(쓸데없는 소리를 하다).
胡说八道。
[Húshuō bādào]

쓸데 없는 소리 하는 것을 멈췄으면 좋겠어.
你最好停止胡说八道。
[Nǐ zuì hǎo tíngzhǐ húshuō bādào]

취소하다.
取消。
[Qǔxiāo]

제가 너무 피곤해서, 부득이하게 저녁 모임은 취소해야겠어요.
我太累了，不得不取消晚上的约会。
[Wǒ tài lèile, bùdébù qǔxiāo wǎnshàng de yuēhuì]

잘못을 시인하다.
承认错误。
[Chéngrèn cuòwù]

잘못을 시인하면 (그 잘못의) 절반을 시정하는 것과 같다.
承认错误等于改正了一半。
[Chéngrèn cuòwù děngyú gǎizhèngle yíbàn]

저에게 알려주세요.
告诉我。
[Gàosù wǒ]

저는 당신의 말이 이해가 가지 않아요, 저에게 무슨 의미인지 알려주세요.
我不明白你说的话，告诉我你是什么意思。
[Wǒ bù míngbái nǐ shuō dehuà, gàosù wǒ nǐ shì shénme yìsi]

입을 닫다.
闭嘴。
[Bì zuǐ]

내가 말을 하기 시작한 뒤로 내 아내는 나에게 말을 하지 못하게 합니다.
从我一开始说话我的太太就让我闭嘴。
[Cóng wǒ yì kāishǐ shuōhuà wǒ de tàitai jiù ràng wǒ bì zuǐ]

왜 말 못 해?
怎么不讲话?
[Zěnme bù jiǎnghuà]

할 말이 없다.
无话可说。
[Wú huà kě shuō]

농담하다.
开玩笑。
[Kāiwánxiào]

당연히 그들에게 안 알려주죠, 농담한 거예요.
我当然不会告诉他们啦。我跟你开玩笑的。
[Wǒ dāngrán bú huì gàosù tāmen a. Wǒ gēn nǐ kāiwánxiào de]

정말이야?
是真的吗?
[Shì zhēn de ma]

농담하지 말아라.
别开玩笑。
[Bié kāiwánxiào]

무슨 뜻이야?
什么意思?
[Shénme yìsi]

제 말은 그 뜻이 아닙니다.
我的话不是那个意思。
[Wǒ dehuà búshì nàge yìsi]

좀 봅시다.
看一下。
[Kàn yíxià]

한번 해봅시다.
试一试。
[Shì yī shì]

마치 ~인 것 같다.
好像。
[Hǎoxiàng]

듣자하니 그는 한국 음식을 좋아하는 것 같아요.
听起来好像他喜欢韩国饮食。
[Tīng qǐlái hǎoxiàng tā xǐhuān Hánguó yǐnshí]

(생김새, 모양이) 닮지 않다.
不像。
[Bú xiàng]

정말 다행스럽게도 그녀는 아빠를 닮지 않았어요.
幸好她不像爸爸那样了。
[Xìnghǎo tā bú xiàng bàba nàyàngle]

내버려두세요(신경쓰지마세요).
别管我。
[Biéguǎn wǒ]

~와 비교해서.
跟~相比。
[Gēn ~xiāng bǐ]

제 아내는 늘 다른 사람과 저를 비교해는데, 왜 그런지 모르겠습니다.
제가 늘 다른 사람만 못하나봐요.

我的太太总是拿我跟别人相比，不知怎的，
我总是不如人家。

[Wǒ de tàitai zǒng shì ná wǒ gēn biérén xiāng bǐ, bùzhī zěn di,
wǒ zǒng shì bùrú rénjiā]

좋은 소식

好消息

[Hǎo xiāoxī]

그가 좋은 소식을 가져왔습니다.

他带来了好消息。

[Tā dài láile hǎo xiāoxī]

나쁜 소식

坏消息

[Huài xiāoxī]

정말 유감스럽게도 나쁜 소식이 있습니다.

很遗憾我带来了坏消息。

[Hěn yíhàn wǒ dài láile huài xiāoxī]

괜찮다(상관없다).

没关系。

[Méiguānxì]

나하고 무슨 관계가 있니?

跟我有什么关系?

[Gēn wǒ yǒu shénme guānxi]

나하고 관계가 없다.

跟我没有关系。

[Gēn wǒ méiyǒu guānxì]

난 신경 안 써.

我不在乎。

[Wǒ búzàihu]

저는 그가 오든 안 오든 신경 안 씁니다.

我不在乎他来不来。

[Wǒ búzàihu tā lái bu lái]

너 마음대로 해.

随你的便。

[Suí nǐ de biàn]

우리집에서 봐도 되고 너네 집에서 봐도 되니까, 너 마음대로 해.

我们可以在我家见面也可在你家, 随你的便。

[Wǒmen kěyǐ zài wǒjiā jiànmiàn yě kě zài nǐ jiā, suí nǐ de biàn]

그만두자.

算了。

[Suànle]

이왕 차가 없으니까, 우리 커피 한잔하는 걸로 합시다.

既然没有茶, 我们只好喝杯咖啡算了。

[Jìrán méiyǒu chá, wǒmen zhǐhǎo hē bēi kāfēi suànle]

네 생각이 아주 일리가 있다.

你的想法很有道理。

[Nǐ de xiǎngfǎ hěn yǒu dàolǐ]

나는 당신의 말을 믿습니다.

我相信你说的话。

[Wǒ xiāngxìn nǐ shuō dehuà]

정말입니까?

是真的吗？

[Shì zhēn de ma]

(말을) 끼어들다.

插嘴。

[Chāzuǐ]

내가 지금 이야기 하고 있는게 안 보이시나요? 끼어들지 마세요.

没看见我在说话吗？别插嘴。

[Méi kànjiàn wǒ zài shuōhuà ma? Bié chāzuǐ]

말대답하다.

顶嘴。

[Dǐngzuǐ]

저는 절대로 당신에게 말대답 할 생각이 아니었어요.

저는 단지 당신이 들은 것이 잘못 되었다는 것을 말하고 싶었을 뿐이에요.

我并不想跟你顶嘴，

我只是想说你听到的话是搞错了。

[Wǒ bìng bùxiǎng gēn nǐ dǐngzuǐ,

wǒ zhǐshì xiǎng shuō nǐ tīng dào dehuà shì gǎo cuòle]

핑계를 대다.

找借口。

[Zhǎo jièkǒu]

펑계를 대서 저를 속이려고 하는겁니까?
你想找借口骗我吗？
[Nǐ xiǎng zhǎo jièkǒu piàn wǒma]

듣자하니
听说
[Tīng shuō]

제가 듣자하니, 내일 바겐세일에 참여 안 하신다면서요.
我听说了，你明天不参加拍卖活动。
[Wǒ tīng shuōle, nǐ míngtiān bùcānjiā pāimài huódòng]

만약에 내가 너라면
如果我是你
[Rúguǒ wǒ shì nǐ]

만약 제가 당신이라면, 저는 그에게 사과했을 겁니다.
如果我是你，我会先向他道歉。
[Rúguǒ wǒ shì nǐ, wǒ huì xiān xiàng tā dàoqiàn]

말하기가 어렵다.
不好说。
[Bù hǎoshuō]

말하기가 곤란해요, 당신이 그를 찾아가서 상의를 해보시는 것을 권해드려요.
不好说，我建议您去找他商量商量吧。
[Bù hǎoshuō, wǒ jiànyì nín qù zhǎo tā shāngliáng shāngliáng ba]

꼭 그렇지는 않다.
不一定。
[Bù yídìng]

그가 당신을 도와서 이 일을 반드시 해결해 줄 것 같지는 않아요.
这件事他不一定帮你解决呢。
[Zhè jiàn shì tā bù yídìng bāng nǐ jiějué ne]

더 이상 말할 필요가 없다.
不必再说。
[Bú bì zàishuō]

이미 일의 경과에 대해서 알고 있으니까 더 이상 말할 필요가 없어요.
我已经知道了事情的经过，不必再说了。
[Wǒ yǐjīng zhī dào le shìqíng de jīngguò, búbì zàishuōle]

어떻든지
不管怎么样
[Bùguǎn zěnme yang]

어떻든지 간에, 사이다에는 얼음을 넣어야 좋아요.
不管怎么样，我觉得汽水放冰很好。
[Bùguǎn zěnme yàng, wǒ juédé qìshuǐfàng bīng hěn hǎo]

서로 돕다.
互相帮助。
[Hùxiāng bāngzhù]

우리는 서로 관심을 가지고, 서로 도와야 합니다.
我们要互相关心，互相帮助。
[Wǒmen yào hùxiāng guānxīn, hùxiāng bāngzhù]

그러지 마세요.
别这样。
[Bié zhèyàng]

이렇게 조급하게 굴지 말아요.

别这样急急忙忙。

[Bié zhèyàng jí ji máng mang]

말이 서로 통하다.

谈得来。

[Tán de lái]

나와 서로 말이 통하는 사람을 찾았다는 것은 매우 기쁜일이다.

找到一个能和我谈得来的人真是一件让人高兴的事。

[Zhǎodào yíge néng hé wǒ tán de lái de rén zhēnshi yí jiàn ràng rén gāoxìng de shì]

생각이 같다.

看法一样。

[Kànfǎ yíyàng]

내가 그에 대한 생각은 너와 같아.

我对他的看法和你一样。

[Wǒ duì tā de kànfǎ hé nǐ yíyàng]

그렇게 하자.

就这么办。

[Jiù zhème bàn]

당신의 의미는 제가 이해했으니까, 그렇게 합시다.

你的意思我明白了，就这么办吧。

[Nǐ de yìsi wǒ míngbaile, jiù zhème bàn ba]

절대로 안 된다.

绝对不行。

[Juéduì bùxíng]

그럴리가 있나.
那怎么可能。
[Nà zěnme kěnéng]

사이가 괜찮다.
关系不错。
[Guānxì búcuò]

나와 내 팀장의 관계는 괜찮아(잘지내).
我和我的主管的关系不错。
[Wǒ hé wǒ de zhǔguǎn de guānxì búcuò]

스케줄이 어떻게 됩니까?
有什么安排。
[Yǒu shénme ānpái]

시간을 정하다.
订时间。
[Dìng shíjiān]

우리 모임의 시간을 정합시다.
咱们给聚会订个时间吧。
[Zánmen gěi jùhuì dìngge shíjiān ba]

다음에 다시 오다.
下次再来。
[Xià cì zàilái]

저축을 하다.
存款。
[Cúnkuǎn]

그녀는 수입이 없어서, 저축을 하지 못합니다.

她没有收入，也没有存款。

[Tā méiyǒu shōurù, yě méiyǒu cúnkuǎn]

돈을 찾다.

取款。

[Qǔkuǎn]

뭐 좀 물어볼게요, 제가 언제든지 돈을 찾을 수 있나요?

顺便问一下，我任何时候都可以来取款吗？

[Shùnbiàn wèn yíxià, wǒ rènhé shíhòu dōu kěyǐ lái qǔkuǎn ma]

송금을 하다.

汇款。

[Huìkuǎn]

저는 매달 집으로 송금을 합니다.

我每月汇款回家。

[Wǒ měi yuè huìkuǎn huí jiā]

돈을 돌려주다.

还钱。

[huánqián]

저는 내일 돈을 돌려주기로 했습니다.

我答应明天还钱。

[Wǒ dāyìng míngtiān huán qián]

나누어 내다.

分期付款。

[Fēnqí fùkuǎn]

저는 한 번도 할부로 물건 값을 내본 적이 없어요.
我从未分期付款买过东西。
[Wǒ cóng wèi fēnqí fùkuǎn mǎiguò dōngxī]

계약금을 지불하다.
交订金。
[Jiāo dìngjīn]

먼저 계약금을 지불하시겠습니까?
请您先交订金好吗?
[Qǐng nín xiān jiāo dìngjīn hǎo ma]

잔돈 있습니까?
有零钱吗?
[Yǒu língqián ma]

사업이 어떻습니까?
买卖怎么样?
[Mǎimài zěnme yang]

돈이 많다.
很有钱。
[Hěn yǒu qián]

사람들은 왜 항상 변호사는 모두 돈이 많을 거라 생각합니까?
为什么人们总是认为律师都很有钱?
[Wèishénme rénmen zǒng shì rènwéi lǜshī dōu hěn yǒu qián]

돈을 벌다.
挣钱。
[Zhèng qián]

우리집에는 두 사람이 돈을 벌어요.
我们家有两个人挣钱。
[Wǒmen jiā yǒu liǎngge rén zhèng qián]

버는 대로 쓰다.
挣多少花多少。
[Zhēng duōshǎo huā duōshǎo]

사기를 당하다.
受骗。
[Shòupiàn]

당신은 조심해야 해요, 그렇지 않으면 사기 당할 수 있어요.
你还是当心点好，不然你会上当受骗。
[Nǐ háishì dāngxīn diǎn hǎo, bùrán nǐ huì shàngdàng shòupiàn]

거짓말을 하다.
撒谎。
[Sāhuǎng]

저는 도대체 그들이 왜 거짓말을 하는지 모르겠어요.
我不知道他们到底为什么要撒谎呢？
[Wǒ bù zhīdào tāmen dàodǐ wèishénme yào sāhuǎng ne]

상기시키다.
提醒。
[Tíxǐng]

죄송합니다. 제가 이름을 까먹었어요. 한번 더 상기 시켜주실 수 있나요?
对不起，我忘了你的名字。提醒我一下好吗？
[Duìbuqǐ, wǒ wàngle nǐ de míngzì. Tíxǐng wǒ yíxià hǎo ma]

생각 못 했다.

没想到。

[Méi xiǎngdào]

저는 오늘 이 일이 일어날 거라고는 꿈에서도 생각지 못했어요.

我做梦也没想到今天会发生这种事。

[Wǒ zuòmèng yě méi xiǎngdào jīntiān huì fāshēng zhè zhǒng shì]

생각나지 않다.

想不起来。

[Xiǎng bù qǐlái]

저는 그의 이름이 무엇이었는지 생각이 나지 않아요.

我就是想不起来他叫什么了。

[Wǒ jiùshì xiǎng bù qǐlái tā jiào shénmele]

낯익다.

面熟。

[Miànshú]

이 사람은 매우 낯이 익어요, 그런데 어디서 만났었는지 기억나지 않아요..

这人很面熟，但是我记不清在哪儿见过他。

[Zhè rén hěn miànshú, dànshì wǒ jì bù qīng zài nǎ'er jiànguò tā]

기억하고 있다.

记得。

[Jìdé]

저는 우리가 그 당시에 한 테이블에 앉아있었던 것을 기억해요.

我记得我们当时是坐在一个餐桌上的。

[Wǒ jìdé wǒmen dāngshí shì zuò zài yíge cānzhuō shàng de]

기억력이 좋다.
记性好。
[Jìxìng hǎo]

요즘 들어 저의 기억력이 좋지 않아요.
近来我的记性不太好。
[Jìnlái wǒ de jìxìng bú tài hǎo]

이렇게 하자.
这样吧。
[Zhèyàng ba]

이렇게 합시다. 선생님, 우리 다음주에 만나요.
就这样吧，先生，我们下星期再见。
[Jiù zhèyàng ba, xiānshēng, wǒmen xià xīngqí zàijiàn]

오해하지 마라.
不要误会。
[Búyào wùhui]

저를 오해하지 말아주세요, 저는 죄가 없어요.
不要误会我，我是无辜的！
[Búyào wùhuì wǒ, wǒ shì wúgū de!]

시치미를 떼다.
装蒜。
[Zhuāngsuàn]

저한테 시치미떼지 말아주세요.
你不必跟我装蒜吧！
[Nǐ búbì gēn wǒ zhuāngsuàn ba]

대단하다.
了不起。
[Liǎobùqǐ]

비록 우리가 헤어졌지만, 그녀는 진짜로 매우 대단해요.
虽然我们分手了，但她确实很了不起。
[Suīrán wǒmen fēnshǒule, dàn tā quèshí hěn liǎobùqǐ]

이상하다.
奇怪。
[Qíguài]

그녀의 태도는 조금 이상해요, 저는 어찌된 영문인지 모르겠어요.
她态度有些奇怪，让我迷惑不解。
[Tā tàidù yǒuxiē qíguài, ràng wǒ míhuò bù jiě]

……할만한 가치가 있다.
值得。
[Zhídé]

우리 회사의 팀장들은 나를 양성할 가치가 있다고 생각합니다.
我们公司的主管们觉得我值得栽培。
[Wǒmen gōngsī de zhǔguǎnmen juédé wǒ zhídé zāipéi]

불공평하다.
不公平。
[Bù gōngpíng]

이렇게 처리하는 건 제 생각에는 불공평 합니다.
这样处理，我觉得不公平。
[Zhèyàng chǔlǐ, wǒ juédé bù gōngpíng]

어떻게 생겼어?
长得怎么样？
[Zhǎng de zěnme yang]

저기요, 제 여자친구 생긴게 어떠한가요?
你看，我的女朋友长得怎么样？
[Nǐ kàn, wǒ de nǚ péngyou zhǎng de zěnme yang]

쏙 빼닮았다(같다).
一摸一样。
[Yì mō yíyàng]

예전에 어떤 사람이 저에게 말하기를 저와 제 아들은 생긴게 똑같대요.
以前有人对我说过我和儿子长得一摸一样。
[Yǐqián yǒurén duì wǒ shuōguò wǒ hé érzi zhǎng de yì mō yíyàng]

완전히 다르다.
完全不一样。
[Wánquán bù yíyàng]

베이징과 광저우의 날씨는 완전히 달라요.
北京和广州的天气是完全不一样的。
[Běijīng hé Guǎngzhōu de tiānqì shì wánquán bù yíyàng de]

매우 예쁘게 생겼다.
长得很漂亮。
[Zhǎng de hěn piàoliang]

그의 아내는 사람이 좋으면서도 게다가 생긴 것도 매우 예뻐요.
他太太为人好，且长得很漂亮。
[Tā tàitai wéirén hǎo, qiě zhǎng de hěn piàoliang]

하나도 안 변했다.
一点儿都没变。
[Yìdiǎnr dōu méi biàn]

우리가 몇 년 동안 만나지 못했는데, 당신은 하나도 변한 게 없네요.
我们几年都没见面了，你真一点儿都没变了。
[Wǒmen jǐ nián dōu méi jiànmiànle, nǐ zhēn yìdiǎnr dōu méi biànle]

아주 안목이 있다.
很有眼光。
[Hěn yǒu yǎnguāng]

제 아내는 사람보는데 아주 뛰어난 안목이 있어요.
我太太看人很有眼光。
[Wǒ tàitai kàn rén hěn yǒu yǎnguāng]

짜증부리다.
发脾气。
[Fā píqì]

그는 작은 일에도 화를 잘 내요(짜증을 부려요).
他为一点小事就大发脾气。
[Tā wéi yìdiǎn xiǎoshì jiù dà fā píqì]

예의가 없다(매너가 나쁘다).
没礼貌。
[Méi lǐmào]

그는 버릇이 없는 아이입니다, 항상 어머니께 말대꾸를 해요.
他是个没礼貌的孩子，总和母亲顶嘴。
[Tā shìgè méi lǐmào de háizi, zǒnghé mǔqīn dǐngzuǐ]

지나치다(너무하다).
过分。
[Guòfèn]

이번에는 그가 너무 했어요.
这一次他太过分了。
[Zhè yícì tā tài guòfènle]

얕보다.
看不起。
[Kànbùqǐ]

당신이 이러한 종류의 직업을 무시하지 않았으면 좋겠어요.
我希望你不要看不起这种工作。
[Wǒ xīwàng nǐ búyào kànbuqǐ zhè zhǒng gōngzuò]

즐겁게 생활하다.
过得愉快。
[Guò dé yúkuài]

겨울 방학을 즐겁게 보냈나요?
你寒假过得愉快吗?
[Nǐ hánjiàguò dé yúkuài ma]

기쁘다.
开心。
[Kāixīn]

그녀는 정말 기쁘게 논 것 같아요.
她似乎玩得非常开心。
[Tā sìhū wán dé fēicháng kāixīn]

기분이 안 좋다.
心情不好。
[Xīnqíng bù hǎo]

저는 오늘 기분이 안 좋아요.
我今天的心情不好。
[Wǒ jīntiān de xīnqíng bù hǎo]

정말이지 재수가 없다.
真是倒霉。
[Zhēnshi dǎoméi]

오늘은 정말이지 재수가 없는 날이야,
거의 대부분의 문제에서 문제가 발생한 것 같아요.
今天真是倒霉的日子, 所有的事情似乎都出了问题。
[Jīntiān zhēnshi dǎoméi de rìzi, suǒyǒu de shìqíng sìhū dōu chūle wèntí]

기분을 망치다.
扫兴。
[Sǎoxìng]

그로 인해서 기분을 망치고 싶지 않아요.
我不想使他扫兴。
[Wǒ bùxiǎng shǐ tā gāoxìng]

재미가 없다.
没意思。
[Méiyìsi]

당신에게는 이 일은 재미가 없을 거예요.
对你来说干这事太没意思了。
[Duì nǐ lái shuō gàn zhè shì tài méiyìsile]

지루하다.
无聊。
[Wúliáo]

신문 배달일은 지루해요, 보수도 낮은 편이고, 매우 힘들어요.
送报的工作无聊，报酬低，还非常辛苦。
[Sòng bào de gōngzuò wúliáo, bàochóu dī, hái fēicháng xīnkǔ]

열받게하다.
让人受气。
[Ràng rén shòuqì]

어찌할바를 모르다.
不知道该怎么办。
[Bù zhīdào gāi zěnme bàn]

굉장히 놀랐다.
太吃惊了。
[Tài chījīngle]

부끄러워하다.
害羞。
[Hàixiū]

저는 수영복을 입으면 부끄러워져요.
我穿着游泳衣觉得有点害羞。
[Wǒ chuānzhe yóuyǒng yī juédé yǒudiǎn hàixiū]

(잘못한걸) 부끄럽게여기다.

惭愧。

[Cánkuì]

이 말을 들으니, 부끄러워서 고개를 들 수가 없어요.

听了这话，我惭愧得低下头来。

[Tīngle zhè huà, wǒ cánkuì de dīxià tou lái]

부러워하다.

羡慕。

[Xiànmù]

그들은 나의 새 차를 보고, 모두 매우 부러워했어요.

他们看了我的新汽车，都非常羡慕。

[Tāmen kànle wǒ de xīn qìchē, dōu fēicháng xiànmù]

정말 유감입니다.

真遗憾。

[Zhēn yíhàn]

최소한의 상식도 없어서, 정말 유감입니다.

真遗憾，你连起码的常识都没有。

[Zhēn yíhàn, nǐ lián qǐmǎ de chángshì dōu méiyǒu]

아쉽다.

可惜。

[Kěxí]

정말 아쉽게도 이 일들은 모두 사실입니다.

很可惜这些事件都是真实的。

[Hěn kěxí zhèxiē shìjiàn dōu shì zhēnshí de]

정이 들다.
有感情。
[Yǒu gǎnqíng]

제 생각에는 중국사람들이 한국의 박대통령께 좋은 감정이 있는거 같습니다.
我觉得中国人对韩国的朴总统有感情的。
[Wǒ juédé Zhōngguó rén duì Hánguó de Piáo zǒngtǒng yǒu gǎnqíng de]

참을 수가 없다.
受不了。
[Shòu buliǎo]

그가 담배 피는 것을 참을 수가 없어요.
我受不了他抽烟。
[Wǒ shòu buliǎo tā chōuyān]

방법이 없다.
没办法。
[Méi bànfǎ]

만약에 그가 충고를 받아들이지 않는다면, 우리 또한 방법이 없습니다.
如果他不听劝, 我们也没办法。
[Rúguǒ tā bù tīng quàn, wǒmen yě méi bànfǎ]

진정하십시오.
别紧张。
[Bié jǐnzhāng]

별일 아니에요, 긴장하지 마세요.
没事, 别紧张。
[Méishì, bié jǐnzhāng]

좋아하기에는 아직 이르다.
别高兴得太早。
[Bié gāoxìng de tài zǎo]

두고보자.
走着瞧吧。
[Zǒuzhe qiáo ba]

두고봅시다, 하루만 더 있으면 사건의 진상이 밝혀질겁니다.
我们走着瞧吧, 总有一天事情会水落石出的。
[Wǒmen zǒuzhe qiáo ba, zǒng yǒu yìtiān shìqíng huì shuǐluòshíchū de]

그럴수가 있다.
有可能。
[Yǒu kěnéng]

이러한 종류의 협력은 불가능할 수도 있다.
这种合作很有可能会行不通。
[Zhè zhǒng hézuò hěn yǒu kěnéng huì xíng bùtōng]

불가능하다(그럴리없다).
不可能。
[Bù kěnéng]

부모는 매일 24시간 아이를 돌볼 수는 없습니다.
父母不可能每天24小时照看孩子。
[Fùmǔ bù kěnéng měitiān 24 xiǎoshí zhàokàn háizi]

계속하다.
继续。
[Jìxù]

제가 있는 곳은 괜찮으니까, 하던 일 계속 하세요.

我这里很好，你继续工作吧。

[Wǒ zhèlǐ hěn hǎo, nǐ jìxù gōngzuò ba]

위험을 무릅쓰다.

冒着风险。

[Màozhe fēngxiǎn]

어떻든 간에, 그들은 위험을 무릅쓰고 그를 도왔습니다.

不管怎样，他们也不会冒着风险去帮他。

[Bùguǎn zěnyàng, tāmen yě bú huì màozhe fēngxiǎn qù bāng tā]

전력투구하다 (최선을 다하다).

全力以赴。

[Quánlì yǐ fù]

만약 우리가 최선을 다한다면, 이 일에 그렇게 많은 시간을 쓰지 않아도 됩니다.

如果我们都全力以赴, 这项工作花不了多少时间。

[Rúguǒ wǒmen dōu quánlì yǐfù, zhè xiàng gōngzuò huā bù lǐao duōshǎo shíjiān]

내 대신 좀 알아봐주라.

帮我打听一下。

[Bāng wǒ dǎtīng yíxià]

저 대신 그의 주소를 알아봐 주실 수 있나요?

你能帮我打听一下他的地址吗?

[Nǐ néng bāng wǒ dǎtīng yíxià tā de dìzhǐ ma]

전도가유망하다.

有前途。

[Yǒu qiántú]

만약 당신들이 영어와 중국어를 배운다면,
당신들은 매우 장래가 유망할 거예요.
如果你们学好英文和中文, 你们非常有前途。
[Rúguǒ nǐmen xuéhǎo Yīngwén hé Zhōngwén, nǐmen fēicháng yǒu qiántú]

이전과 같다(여전하다).
和以前一样。
[Hé yǐqián yíyàng]

저는 10년 동안 그를 보지 못했지만, 그는 보아하니 여전하네요.
我有十年没有看见他了, 可是他看起来还是和以前
一样。
[Wǒ yǒu shí nián méiyǒu kànjiàn tāle, kěshì tā kàn qǐlái háishì hé yǐqián yíyàng]

많은 발전이 있었다.
有了很大的发展。
[Yǒule hěn dà de fā zhǎn]

최근 들어 의료기술에 많은 발전이 있었습니다.
近年来医疗技术有了很大的发展.
[Jìnnián lái yīliáo jìshù yǒule hěn dà de fā zhǎn]

잘하고 있다(순조롭다).
顺利。
[Shùnlì]

회의가 매우 순조롭게 진행되고 있어요.
会议进行得十分顺利。
[Huìyì jìnxíng de shífēn shùnlì]

어떻게 된 거야?
怎么搞的?
[Zěnme gǎo de]

어떻게 된게 그는 항상 그렇게 바쁜건가요?
怎么搞的他总是那么忙?
[Zěnme gǎo de tā zǒng shì nàme máng]

도대체 무슨 일이 생긴거야?
到底发生了什么?
[Dàodǐ fāshēngle shénme]

하마터면
差点儿
[Chàdiǎnr]

저는 어제 저녁에 하마터면 노인과 부딪힐 뻔 했어요.
我昨天晚上差点儿撞上老人.
[Wǒ zuótiān wǎnshàng chàdiǎnr zhuàng shàng lǎorén]

갑자기 일이 생기다.
突然有事。
[Túrán yǒushì]

우발사고
意外事故
[Yìwài shìgù]

그 우발사고는 그저께 발생했습니다.
那意外事故发生在前天.
[Nà yìwài shìgù fāshēng zài qiántiān]

혼히 있는 일
常见的事
[Chángjiàn de shì]

외국인과 결혼하는 일은 중국에서는 이미 흔히 있는 일입니다.
跟外国人结婚的是在中国已成为常见的事。
[Gēn wàiguó rén jiéhūn de shì zài Zhōngguó yǐ chéngwéi chángjiàn de shì]

상상도 할 수 없는 일
不能想象的事
[Bùnéng xiǎngxiàng de shì]

여자가 먼저 이혼에 대해서 언급을 하는 것은
과거 한국에서는 상상할 수 없는 일이었습니다.
女人先提出离婚在过去韩国是不能想象的事。
[Nǚrén xiān tíchū líhūn zài guòqù Hánguó shì bùnéng xiǎngxiàng de shì]

~하는 것이 가장 좋다.
最好。
[Zuì hǎo]

지금 두시 반이에요, 제 생각에는 우리는 집에 돌아가는 것이 좋겠어요.
现在两点半了。我想我们最好还是回家吧。
[Xiànzài liǎng diǎn bànle. Wǒ xiǎng wǒmen zuì hào háishì huí jiā ba]

차를 타다.
上车。
[Shàng chē]

차를 타세요, 제가 운전해서 정류장까지 모셔다 드릴게요.

上车吧，我开车送你去车站.

[Shàng chē ba, wǒ kāichē sòng nǐ qù chēzhàn]

차에서 내리다.

下车。

[Xià chē]

저는 다음 정거장에서 내려요.

我在下一站下车。

[Wǒ zàixià yí zhàn xià chē]

안전벨트를 매다.

系安全带。

[Jì ānquán dài]

만약에 안전벨트를 하지 않았으면, 저는 큰 부상을 입었을 거예요.

要是没有系安全带的话, 我就会受重伤了。

[Yàoshi méiyǒu xì ānquán dài dehuà, wǒ jiù huì shòu zhòngshāngle]

날씨가 어떠세요?

天气怎么样?

[Tiānqì zěnme yang]

너무 덥습니다.

太熱。

[Tài rè]

오늘 날씨가 너무 덥습니다.

今天天气太热。

[Jīntiān tiānqì tài rè]

비가 올 것 같습니다.
好像要下雨。
[Hǎoxiàng yào xià yǔ]

(날씨가) 서늘하다.
凉快。
[Liángkuai]

한국의 가을 날씨는 매우 서늘해요.
秋天韩国的天气很凉快。
[Qiūtiān Hánguó de tiānqì hěn liángkuai]

얼어 죽겠네.
要冻死了。
[Yào dòng sǐle]

매우 춥다.
很冷。
[Hěn lěng]

중국의 북방도시는 겨울에 매우 추워요.
中国的北方城市冬天很冷。
[Zhōngguó de běifāng chéngshì dōngtiān hěn lěng]

날씨가 맑다.
天青了。
[Tiān qíngle]

오전에는 비가 오더니, 오후에는 날씨가 맑아졌어요.
早上下雨，下午就天青了。
[Zǎoshang xià yǔ, xiàwǔ jiù tiān qīngle]

바람이 불다.
刮风。
[Guā fēng]

북방은 남방처럼 봄에 자주 바람이 불지 않아요.
北方不比南方，春天老刮风。
[Běifāng bùbǐ nánfāng, chūntiān lǎo guā fēng]

눈이 내리다.
下雪。
[Xià xuě]

어제 오후부터 계속 눈이 내리고 있어요.
从昨天下午开始就持续不断地下雪。
[Cóng zuótiān xiàwǔ kāishǐ jiù chíxù búduàn de xià xuě]

비가 오다.
下雨。
[Xià yǔ]

보아하니, 곧 비가 올 것 같아요.
看上去好像马上就要下雨了。
[Kàn shàngqù hǎoxiàng mǎshàng jiù yào xià yǔle]

얼마나 더 가야 합니까?
还要走多远？
[Hái yào zǒu duō yuǎn]

우선(먼저)
首先。
[Shǒuxiān]

의자는 우선 편안해야 합니다.

椅子首先应该舒适。

[Yǐzi shǒuxiān yīnggāi shūshì]

교대로.

轮流。

[Lúnliú]

우리 두 명은 서로 종종 교대로 운전을 합니다.

我们两人经常轮流开车。

[Wǒmen liǎng rén jīngcháng lúnliú kāichē]

줄을 서다.

排队。

[Páiduì]

우리는 30분 동안 줄을 서서 기다리고 나서야
겨우 영화관으로 들어갈 수 있었습니다.

我们排队等了半个小时才进到电影院.

[Wǒmen páiduì děngle bànge xiǎoshí cái jìn dào diànyǐngyuàn]

제시간에 도착하다.

准时到。

[Zhǔnshí dào]

저는 매일 출근할 때 제시간에 도착합니다.

我每天上班准时到。

[Wǒ měitiān shàngbān zhǔnshí dào]

시간이 정말 빠르게 지나간다.
时间过得真快。
[Shíjiānguò de zhēn kuài]

시간이 아주 오래 걸리다.
需要很长时间。
[Xūyào hěn cháng shíjiān]

시간을 내다.
抽时间。
[Chōu shíjiān]

공사가 다망한데도 시간을 내서 우리 회사를 방문해 주셔서 감사합니다.
谢谢你在百忙中抽出时间拜访我们公司。
[Xièxiè nǐ zài bǎi mángzhōng chōuchū shíjiān bàifǎng wǒmen gōngsī]

시간 있으세요?
你有空吗？
[Nǐ yǒu kòng ma]

시간을 때우다.
打发时间。
[Dǎfā shíjiān]

저는 영화를 보면서 시간을 때웁니다.
我看电视打发时间。
[Wǒ kàn diànshì dǎfā shíjiān]

시간을 낭비하다.
浪费时间。
[Làngfèi shíjiān]

인터넷은 매우 재미있지만, 시간을 매우 낭비합니다.
上网很有意思，但也很浪费时间。
[Shàngwǎng hěn yǒuyìsi, dàn yě hěn làngfèi shíjiān]

현재까지는
到目前为止
[Dào mùqián wéizhǐ]

올해 지금까지, 이미 매우 많은 사람들이 직장을 잃었습니다.
今年到目前为止，已有很多人失去工作了。
[Jīnnián dào mùqián wéizhǐ, yǐ yǒu hěnduō rén shīqù gōngzuòle]

늦어도
最晚
[Zuì wǎn]

우리는 늦어도 정오까지는 도착해야 합니다.
我们应该最晚中午到达。
[Wǒmen yīnggāi zuì wǎn zhōngwǔ dàodá]

적어도
至少
[Zhìshǎo]

오늘 전시회에 참석한 사람의 수가 적어도 어제보다는 많아요.
今天来参加展会的人数至少比昨天多了些。
[Jīntiān lái cānjiā zhǎnhuì de rénshù zhìshǎo bǐ zuótiān duōle xiē]

간혹
偶尔
[Ǒu'ěr]

우리는 간혹 같이 영화를 보러 갑니다.

我们偶尔一起去看电影。

[Wǒmen ǒu'ěr yìqǐ qù kàn diànyǐng]

빠를수록 좋다.

越快越好。

[Yuè kuài yuè hǎo]

잠시

暂时

[Zhànshí]

저는 잠시 친구 집에 살았습니다.

我暂时住在我朋友的家。

[Wǒ zhànshí zhù zài wǒ péngyou de jiā]

이렇게 오랜 시간 동안

这么长时间

[Zhème cháng shíjiān]

제가 이렇게 오랜 시간 동안 지체했습니다, 정말로 죄송합니다.

我耽误了这么长时间，真是对不起。

[Wǒ dānwùle zhème cháng shíjiān, zhēnshi duìbuqǐ]

잠시 후에

过一会儿

[Guò yíhuìr]

그는 지금 화가 나있어요, 잠시 후면 괜찮아질 거예요.

他正在气头上，过一会儿就好了。

[Tā zhèngzài qìtóushàng, guò yíhuìr jiù hǎole]

서바이벌 중국어

초판 1쇄 발행일 2016년 8월 26일

지은이 송경애
펴낸이 박영희
책임편집 김영림
디자인 박희경
마케팅 임자연
인쇄 · 제본 AP프린팅
펴낸곳 도서출판 어문학사
　　　　서울특별시 도봉구 쌍문동 523−21 나너울 카운티 1층
　　　　대표전화: 02-998-0094/ 편집부1: 02-998-2267, 편집부2: 02-998-2269
　　　　홈페이지: www.amhbook.com
　　　　트위터: @with_amhbook
　　　　페이스북: https://www.facebook.com/amhbook
　　　　블로그: 네이버 http://blog.naver.com/amhbook
　　　　다음 http://blog.daum.net/amhbook
　　　　e−mail: am@amhbook.com
　　　　등록: 2004년 4월 6일 제7−276호

ISBN 978-89-6184-406-2 13720
정가 14,000원

이 도서의 국립중앙도서관 출판예정도서목록(CIP)은 e-CIP홈페이지(http://www.nl.go.kr/ecip)와
국가자료공동목록시스템(http://www.nl.go.kr/kolisnet)에서 이용하실 수 있습니다.
(CIP제어번호: CIP 2016019374)

※잘못 만들어진 책은 교환해 드립니다.